海派文化丛书

海上教育家

俞　可著

文匯出版社

编委会

总序

在中国所有的城市中，没有也不可能有两个城市是完全相同的，每个城市都有各自的特点和个性。上海，无论是城市的形成过程、发展道路，还是外观风貌、人文内蕴，抑或是民间风俗习惯等，都有鲜明的特点和个性，有些方面还颇具奇光异彩！

如果要我用一个字来形容上海这座城市，我以为唯独一个“海”字，别无选择。

上海是海。据研究表明，今上海市的大部分地区，尤其是市中心地区，在六千多年以前，尚是汪洋一片。随着时间的推移，长江的奔流不息，大海的潮涨潮落，渐渐淤积成了新的陆地，以打鱼为生的先民们开始来这一带活动。滩涂湿地渐长，围海造地渐移，渔民顺势东进，于是出现了叫上海浦、下海浦的两个小渔村，由此迅速发展起来。到南宋咸淳三年（1267年），在今小东门十六铺岸边形成集镇，称上海镇。后于1292年正式设置上海县，县署就在今老城厢内的旧校场路上。一个新兴的中国滨海城市就这样开始崛起。所以我认为，上海可以说是一座水城，上海是因水而生，因水而兴，水是上海的血脉，水是上海的精灵。直至今日,上海的地名、路名依旧多有滩、渡、浜、泾、汇、河、桥、塘、浦、湾……这都在向人们证明,是水造就了上海这座城市。

海洋是美丽而壮观的。约占地球表面总面积的70.8%是海洋水面,如果称地球为“水球”也不无道理。海洋是广阔而有边的,是深而可测的。“日月之行,若出其中;星汉灿烂,若出其里。”海洋是生命的摇篮,是资源的宝库……任你怎样为之赞美都不会过分。

海在洋的边缘,临近大陆,便于和人类亲密接触。我国的万里海疆,美丽而且富饶,被誉为能量的源泉、天然的鱼仓、盐类的故乡,孕育着宇宙的精华,激荡着生命的活力……任你怎样为之歌唱都不会尽兴。

上海是海。是襟江连海的不息水流造就了上海,更是水滋养了上海,使这座城市孕育了以海纳百川、兼容并蓄为主要特征的海派文化。可以说,没有水就没有上海,就没有这座迅速崛起的滨海城市。没有海派文化的积极作用,也就没有上海的迅速崛起和繁荣发达。今后,上海的发展还要继续做好这篇水文章,充分发挥自己的优势和特点!

上海是海。上海人来自五湖四海,是中国最大的移民城市,是典型的近代崛起的新兴城市,不同于在传统城市基础上长期自然形成的古老城市。1843年开埠以前,上海人口只有20多万,经过百年的发展,人口猛增到500多万。据1950年的统计,上海本地原住民只占上海总人口的15%,移民则高达85%。上海的移民,国内的大都来自江苏、浙江、安徽、福建、广东,国际的虽来自近四十个国家,但主要来自英、法、美、日、德、俄,其数量最多时高达15万人。在一个多世纪中,上海大规模的国内移民潮有如下几次:

太平天国期间,从1855年到1865年,上海人口一下子净增了11万。

抗日战争时期,特别是孤岛期间,仅4年时间,上海人口净增了78万。

解放战争期间，三年左右，上海人口净增了208万，增势之猛，世界罕见。

改革开放以来，上海产生了新一波移民潮，人口增长势头也很猛，现在户籍人口已经超过1 800万，此外，还有外来务工人员600万。每年春运高峰，车站码头人山人海、人流如潮，是上海一道独特的风景。

上海是海。上海的建筑素有万国博览会之美誉，现在是越来越名副其实了。有人说建筑是城市的象征，是城市文化的载体；也有人说建筑是凝固的音乐，是城市的表情。依我看，上海的城市建筑是海派文化的外在形象体现，无论是富有上海特色的石库门里弄房屋，还是按照欧美风格设计建造的各式各样的建筑，包括集中于南京路外滩的建筑群，和分布于各区的多姿多彩的别墅洋楼，诸如文艺复兴式、哥特式、巴洛克式、古典主义式……现已列入重点保护的优秀历史建筑就达300多处，或者是后来建造的如原中苏友好大厦等，都在向人们无声地讲述着丰富而生动的历史人文故事，演奏着上海社会发展进步史上的一个个乐章。

上海是海。上海人讲话多有南腔北调，还有洋腔洋调。中国地域广阔，方言土语十分丰富。56个民族，都有本民族的语言。上海这个迅速崛起的移民城市，人口的多元化，自然带来了语言的多样化，中国各地方言和世界各国的语言大都能在上海听到。

上海是海。上海人的饮食，可谓多滋多味，菜系林立，风味各异，川帮、广帮、闽帮、徽帮、本帮……应有尽有；西菜、俄菜、日本菜、印度菜……数不胜数。

上海是海。上海的戏剧舞台百花争艳，京剧、昆剧、越剧、沪剧、淮剧、歌剧、舞剧……剧种之多，阵容之齐，在国内数一数二，在国际堪称少有。浙江嵊县土生土长的越剧在上海生根开花，走向全国；而上海土生土长的沪剧则别具一格地将莎士比亚的《罗密欧与朱丽叶》、王尔德的

《少奶奶的扇子》改编成功……

上海确实就是海！

海派文化姓海。

海派文化不等于全部上海文化，而是上海文化独特性的集中表现。

姓海的海派文化，是我们中华文化的一部分。中华文化是我们中华民族之魂。中华文化历史悠久，博大精深，就像一棵根深叶茂、顶天立地的大树，巍然屹立，万古长青，枝繁叶茂，这树的主干在北京，树根深扎国土，树枝则是伸向祖国各地各民族的地域文化和民族文化。有一种说法耐人寻味：看中华文化五千年要到西安去；看中华文化两千年要到北京去，看近百年来中华文化发展要到上海去。当然，比喻总是蹩脚的。

姓海的海派文化，是伴随着上海这座典型的移民城市的崛起而形成和发展的，来自江苏、浙江、安徽、广东、福建……的移民带来了当地的民族民间文化，在上海相互影响，有的彼此融合，有的相互排斥，有的自然淘汰，经久磨合而逐渐形成新的文化形态。因此，海派文化是吸纳了国内各地民间文化精华，孵化生成具有鲜明上海地方特色和个性的独特文化。

姓海的海派文化，是受世界文化特别是受西方文化影响最多的中国地域文化。1843年上海开埠以后，西学东渐，海派崛起，云蒸霞蔚，日趋明显。随着西方物质文明的输入，如1865年10月18日在南京路点亮第一盏煤气灯，从此上海有了“不夜城”之名；1881年英商自来水公司成立，次年在虹口铺设水管，开始供水……东西方人与人、文化与文化整体接触，尤其是租界上“华洋杂处”、“文化混合”，虽然于我们是一种无可奈何的选择，但客观上却是引进西方文化早而且多，使上海成了“近代化最成功的地方，市民文化最强大的城市”，往往统领风气之先。

姓海的海派文化，是随着上海发展而发展的，是客观存在，有客观规律，我以为大体可分为这样几个时期：

萌芽时期：1843年上海开埠以前，中华传统文化特别是吴越文化，为海派文化提供了基础，开始孕育海派文化。

成长时期：1843—1949年期间，特别是20世纪三四十年代，上海"八面来风"似的国内外移民，哺育了海派文化的成长。

转折时期：这又可以分为两段：1949—1965年间，建国以后，定都北京，商务印书馆等文化单位迁往北京，以郭沫若、茅盾、叶圣陶、夏衍、曹禺为代表的上海文坛骁将率队陆续迁居北京，上海在电影、文学、戏剧等诸多方面不再是中国的文化中心，这是很正常的转移。上海虽然不再是中国的文化中心了，但文化基础很好，依然作用不小，有些方面如电影、小说在全国的影响还是很大的。这也给海派文化带来了新的发展机遇。1966—1976年，"文化大革命"十年浩劫，整个中国文化，包括海派文化，遭受了毁灭性的破坏，罄竹难书。

成熟时期：1976年，笼罩祖国天空的阴霾一举扫去，阳光重新普照大地，结束长达十年的浩劫，开始拨乱反正、改革开放新时期，在全中国范围对"文革"进行反思，进行平反冤假错案，逐步恢复正常的文化活动。上海以话剧《于无声处》和小说《伤痕》为起点，海派文化开始新的阶段。在党的十一届三中全会精神指引下，上海再次成为东西方文化交流的中心，海派文化重新焕发青春，健康发展，在新的基础上正在走向成熟。

当前，海派文化面临着新的机遇和挑战，存在这样那样前进和发展过程中难以避免的问题和弱点，这是要引起重视并认真对待的。

姓海的海派文化，有哪些基本特点呢？我以为主要有：

一是开放性：海纳百川、有容乃大，为我所用，化腐朽为神奇，创风气之先河。不闭关自守,不固步自封,不拒绝先进。

二是创新性:吸纳不等于照搬照抄,也不是重复和模仿人家,而是富有创新精神,洋溢着创造的活力。当年海派京剧的连台本戏、机关布景是创新,如今的《曹操与杨修》也是创新,金茂大厦则是在建筑文化方面的创新。

三是扬弃性:百川归海,难免泥沙俱下,鱼龙混杂,尤其在被动开放时期,特别是在"孤岛时期",租界内某些殖民文化的影响也不能忽视,需要加以清醒地辨别,区别对待,避免盲目和盲从。

四是多元性:海派文化和其他事物一样,具有综合性,是复杂的体系,不应该要求纯之又纯,水清无鱼,那就不成其为海派文化了。雅与俗,洋与土,阳春白雪与下里巴人相容并存,以致落后、低级、庸俗、黄色、反动文化,在以往那特定历史时期,也夹杂其间,怎么能用这些来对今天的海派文化说事呢。

五是商业性,海派文化在不同历史时期和不同政治、经济、社会环境中,其适应市场的商业性都有不同的表现。上海人往往对国内外市场行情具有敏感性,适应市场变化的能力比较强,有些从事文化艺术工作的人士,也比较有经济头脑和市场意识。

我认为,海派文化的"派",既不是派性的派,也不是拉帮结派的派,更不是其他什么派。千万不要"谈派色变",也不必对"派"字讳莫如深,远而避之,切忌不要一提到"派"字,就联想到造反派、搞派性、讲派别!不,我们这里所说的海派文化,是反映上海文化风格的最重要流派。我国有京派文化、徽派文化、吴越文化……和海派文化一样,都是中华文化的组成部分。我们的京剧有麒派、尚派等等,越剧有袁(雪芬)派、傅(全香)派、戚(雅仙)派……都是戏剧艺术的流派,流派纷呈有何不好。

我认为，海派文化是客观存在，不以人们的主观意志为转移。海派文化并不是一成不变的，而是一直在发展变化之中，既不要一提到海派文化就沉醉于20世纪30年代怀旧情调中，也不要一说到海派文化马上就和当年的流氓、大亨、白相人划等号。应该看到，经历了漫长时期的风雨淘洗，特别是进入改革开放新时期以来，上海发生了巨大变化，海派文化也呈现出前所未有的崭新面貌。海派文化发展的至高境界，我想就是“海派无派”，正如石涛先生所说，“无法而法，乃为至法”。应该要为海派文化向至高境界发展而不断努力。

时代呼唤《海派文化丛书》。

《海派文化丛书》是历史的需要。在经济全球化和文化趋同化的当今世界，我们伟大祖国亿万人民正在为建设和谐社会、和谐世界而团结奋斗，中央要求上海搞好“四个中心”建设，发挥“四个率先”作用，还要继续搞好在浦东的综合改革试点，为中国特色社会主义事业作出应有贡献，特别是要主动热情地为争取办好中国2010年上海世界博览会而努力。世界人民的目光聚焦上海，为了全面了解上海、正确认识上海，都迫切需要为他们提供新的准确而完整的图书资料。国内各兄弟省市的同志也有这样的愿望，新老上海人同样都有这个要求。可以说，编辑出版一套系统介绍海派文化的丛书是当务之急。

《海派文化丛书》必须力求准确系统地介绍海派文化。海派文化曾经有过争议，如今也还是仁者见仁，有不同看法是正常的，也是好事。我们编纂者则要严肃而又严格地正确把握，既不要过于偏爱，也不要执意偏见。近年来，由于上海大学领导的重视和不少专家学者热情支持，已经举行了多次海派文化学术研讨会，汇编出版了五本论文选集，受到社会各方面的关心和欢迎，但这还远远不够。我们要以认真负责的态度，出版好这套丛书。

《海派文化丛书》的创作、编辑、出版工作一经动议，就得到作家、编辑和有关领导的热情支持，得到上海大学、上海市对外文化交流协会和文汇出版社等大力帮助。我相信，《海派文化丛书》的出版可以为中华文化宝库增添新的内容，为中华民族的振兴和上海的建设增强精神助推力，同时，也可为希望全面了解上海的中外人士，提供一套具有系统性、权威性、可读性而又图文并茂的图书。

我谨代表《海派文化丛书》的作者、编者、出版发行者，向所有给予帮助和支持的单位及个人表示衷心感谢！向读者和收藏者们致以诚挚的敬意！向读后对本丛书提出批评意见和建议的朋友鞠躬致敬！

是为序。

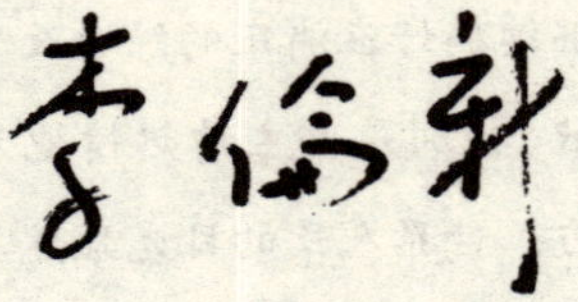

2007年5月20日于乐耕堂

（本文作者为上海大学海派文化研究中心主任）

前言

一

百年世博梦，百年强国梦。

“三千年未有之变局，三千年未有之强敌。”（李鸿章）

实现强国梦的一条主要路径便是教育救国教育强国。

“人皆知外洋各国之强由于兵，而不知外学之强由于学。”（张之洞《弟子记》）

“泰西之所以富强，不在炮械军兵，而在穷理劝学。”（康有为《〈教学通议〉序》）

“自强之道，以作育人才为本；求才之道，尤宜以设立学堂为先。”（盛宣怀《拟设天津中西学堂章程禀》）

“中国今日之大患，苦于人才不足，而人才所以不足，由学校不兴也。”（梁启超《戊戌政变记》）

“根本救济，端在教育。”（《严复集》）

“吾他日能生见中国有一国家的大学可比此邦之哈佛、英国之康桥、牛津、德之柏林、法之巴黎，吾死瞑目矣。嗟夫！世安可容无大学之四百万方里四万万人口之大国乎？世安可容无大学之大国乎！”(《胡适留学日记》)

……

20世纪最具影响力的教育家约翰·杜威（John Dewey）到中国的第一站，就是在上海，在这儿，他在中国做了第一场讲演《平民主义的教育》。

上海，可以说是中国教育现代化之窗口和缩影。

中国近代第一所中外合办的科技学校——格致书院；

中国人自己创办的第一所新式小学——正蒙书院；

中国人自办的第一所女子学堂——经正女学；

中国人自办的第一所女子中学——务本女塾；

民主革命派创办的第一所女学校——爱国女学校；

中国第一所自办的私立大学——南洋公学；

中国第一所自办的国立医学院——国立上海医学院；

中国近代历史上第一所美术专科学校——上海图画美术院；

中国近代最早的国立高等音乐学府——国立音乐院；

中国第一份教育专业期刊——《教育世界》；

中国第一个以研究、提倡、试验、推广职业教育为宗旨的全国性教育团体——中华职业教育社；

……

值2010世界博览会在沪举办之际，在教育领域，首先要追忆那些百年之前就怀着教育救国教育强国理念的呕心沥血、殚精竭虑的教育家：

从毁家兴学的马相伯到血洒申城的刘湛恩；

从“自强首在储才，储才必先兴学”的盛宣怀到“拆掉四堵墙”的钱伟长；

从“女子为国民之母，欲陶冶健全国民，根本须提倡女权”的吴馨到为女子教育奉献终生的薛正；

从“使无业者有业，使有业者乐业”的黄炎培到“鸡毛飞上天”的吴佩芳；

从“中国的马卡连柯”段力佩到新中国基础教育“活化石”的吕型伟；

从“怎么能给一个亡国的君主做老师”的颜永京到“甘为红领巾的孺子牛”的段镇；

……

二

教育家办学。

这个关键词耳熟能详。

温家宝总理2007年在《政府工作报告》中提出：“要培养一支德才兼备的教师队伍，造就一批杰出的教育家。”

在2008年《政府工作报告》中，温总理再次强调：“要提倡教育家办学，鼓励更多的优秀青年终身做教育工作者。”

2009年教师节前夕，总理又一次把教育家对教育改革与发展的作用提升到历史新的高度。

2010年1月11日至2月6日，国务院总理温家宝在中南海先后主持召开五次座谈会，就正在制定的《国家中长期教育改革和发展规划纲要》听取社会各界人士的意见和建议，并着重指出大力倡导教育家办学，充分发挥教育家的办学才能和特长，让那些有终身办学志向的人不受任何名利干扰诱惑，把自己完全献身于教育事业。

成为教育家，可谓是千百万教育工作者专业发展的价值取向。

而自2005年启动的上海市普教系统名校长名师培养工程以及评选出两届的“上海市教育功臣”项目，更是从上海地方行政的宏观视角明确一个理念，即大上海需要自己的大师名师，由此打造“海上教育家”群体。

何为教育家？

《教育大辞典》把“教育家”概念定义为：“在教育思想、理论或实践上有创见、有贡献、有影响的杰出人物。”

这与其说是定义，不如说是对教育家的粗线条勾勒。

“教育家”概念的词源难以考证。

中华民国成立当年，孙中山就发表《民国教育家之任务》的演说。

1945年，毛泽东在《论联合政府》中指出[①]：

“民族压迫和封建压迫所给予中国人民的灾难中，包括着民族文化的灾难。特别是具备进步意义的文化事业和教育事业，进步的文化人和教育家，所受灾难，更为深重。为着扫除民族压迫和封建压迫，为着建立新民主主义的国家，需要大批的人民的教育家和教师，人民的科学家、工程师、技师、医生、新闻工作者、著作家、文学家、艺术家和普通文化工作者。”

不过，“教育家”概念还是过于抽象。

要形象化理解这个概念，最好拿一个公认的教育家来剖析。

陶行知，众望所归，并被毛泽东追谥为“伟大的人民教育家”。

陶行知本人也较早系统应用并论述“教育家”概念。他把一流教育家定义为拥有“敢探未发明的新理，即是创造精神；敢入未开化的边疆，

① 毛泽东：《论联合政府》，载《毛泽东选集（第三卷）》，人民出版社，1991。

即是开辟精神”之一要素者[①]。前一种要素指的是国民教育的时代性，后一种是其普适性。国民教育即全民教育。正因为国民学校肩负恩惠并形塑全民之重任，校长应该是“教员的领袖，学生的领袖，渐渐地要做成社会的领袖”，陶行知最终道出“校长是一个学校的灵魂”这个经典论断。此句出自他1924年撰写的《半周岁的燕子矶国民学校》[②]，可见，此校长指的是中小学校长。

然而，本书却偏偏以五位百年前的沪上大学校长来代表海上教育家。

三

2009年盛夏，学校发展国际网络组织（Network School Development）缔造者Dr. Hans-Günter Rolff教授与德国社会民主党（SPD）教育政策顾问Dr. Klaus Walter Klemm教授结伴，以火车为交通工具，横穿整个欧亚大陆，一路观光，目的地北京。

他俩是我的忘年交，在中国土地上也只认识我一个，便早早就通知我，让我赶赴北京欢聚。

由于正值共和国六十大庆，京城大量景点还“犹抱琵琶半遮面”地正处于修缮之中。游览不成，我就跟他们侃得海阔天空。

我说到本人近几年发起的“中德高等教育论坛”（German-Chinese Higher Education Forum）和“教育领导中德高端对话”（German-Chinese Educational Leadership Summit Dialogue System），前者是针对高等教育的，后者则基础教育。隐隐感觉到，国际教育研究界有一个普遍的现

① 陶行知：《第一流的教育家》，载《陶行知全集（第一卷）》，湖南教育出版社，1984。

② 陶行知：《半周岁的燕子矶国民学校》，载《陶行知全集（第一卷）》，湖南教育出版社，1984。

象：基础教育领域母语为非英语的研究人员，通常不愿用非母语的语言来写作，哪怕精通多国语言。而在高等教育研究领域，天地豁然开朗，英语俨然成为通用语言。

其实，就此问题，在筹备“中德高等教育论坛”之余，我就已经与高等教育研究国际联盟（International Consortium of Higher Education Researchers）秘书长兼德国高等教育研究会（German Association for Higher Education Research）第一会长Dr. Barbara Maria Kehm教授、德国高校教学研究会（German Association for Academic Development）前会长Dr. Johannes Wildt教授探讨过。

此番在京城，这两位德国资深教授认可了我的“重大发现”。

基础教育通常把各自所处的政治与文化境遇视作疆域，誓死捍卫。在中国，一个中央集权制国家，这个疆域是国界；而在德国，一个典型的联邦制国家，这个疆域则是联邦州。

一针见血！

简而言之，基础教育是地域性，以形塑公民为己任；而高等教育是国际性，以锻造时代精英为归宿。

尽管当今越来越多的中小学走上了国际化道路，中小学生国际互换项目也日趋频繁，青少年的跨文化交往能力的培养似乎迫在眉睫。不过，通过与欧洲中小学校长联合会名誉会长Dr. Burkhard Mielke以及德国几个联邦州中小学校长联合会会长的对话，我认识到，基础教育的国际化仅仅是基础教育自身发展的点缀而已，并非内在性诉求。

大学，从诞生之日，便是开放的、现代的、国际的、全球的、无疆域的，是“跨越文化超越边境穿越历史”的[①]。作为师徒共同体的universitas

① 俞可：《德意志式严谨》，载《文汇报 · 笔会》2009年8月25日。

（"大学"的拉丁语）是以学术作为纽带的，大学的超越性或许就体现在这儿。以"探究博大精深的学术"为立身之本的大学[①]，自现代大学制度奠基以来，便是无界的。甚至欧洲最古老的博洛尼亚大学，在九百多年前，便显示令今人诧异无比的国际性。难怪十年前启动的欧洲高等教育一体化进程被冠以"博洛尼亚进程"（Bologna Process）[②]。

这才是大学之大！

本书选择大学校长，不仅仅因为大学之大，还因为大学为百年前的舶来之物。

尽管现代学校制度亦然，现代中小学与古代的学堂至少有着一种历史牵连。而现代大学与古代太学，南辕北辙，两者并不存在传承关系，即陈平原所说的"中国的高等教育，分成三千年的'大学'和一百年的'University'，二者并非同根所生，很难直接过渡"[③]。中国现代大学被视作"欧洲大学的凯旋"[④]。

从地域性的超越所形成的"包容并蓄、海纳百川"的博大胸怀品质来看，大学之大与大上海之大具有同构性。

四

英语中的educationalist和educator，以及德文中的Pädagoge（源自希

---

① Wilhelm von Humboldt: Über die innere und äußere Organisation der höheren wissenschaftlichen Anstalten in Berlin. Frankfurt/M./Berlin/Wien: Fischer Taschenbuch-Verlag, 1984.

② 俞可：《欧洲高等教育：蹒跚走向一体化》，载《上海教育》2003年第09B期。

③ 陈平原：《中国大学百年？》，载《文学史的形成与建构》，广西教育出版社，1999。

④ 许美德：《中国大学1895–1995：一个文化冲突的世纪》，许洁英主译，教育科学出版社，2000。

腊语παιδαγωγ)，指的仅仅是教育工作者，即现代社会中以基础教育阶段学校教师为职业的人群。

把这些外文概念译作"教育家"，显然是中国人一厢情愿的举措，暗含着的却是搏击于启蒙与救亡双重变奏的中国人对教育启蒙、教育救国、教育强国的迫切愿望。

蔡元培成为一位"学界泰斗，人世楷模"（毛泽东语）的教育家型大学校长，乃至百年之后仍然被华夏大众（据"中国大学校长公众认同度调查问卷"）海选为最受公众推崇的中国大学校长，只是特定历史情景下的产物。蔡元培、马相伯、盛宣怀、梅贻琦、张伯苓、蒋梦麟、郭秉文、马君武、张寿镛、罗家伦、唐文治、李登辉、熊庆来、颜福庆、何炳松、沈恩孚、朱经农、茅以升、竺可桢、潘序伦、吴贻芳、任鸿隽、林砺儒、吴玉章等，展现了一张20世纪上半叶启蒙与救亡之特殊境遇下中国大学校长的谱系。

正因为特殊性，所以难以复制。

当今，人们热切呼唤教育家型大学校长，无非是公众对于大学回归学术自由与教授自治的期待，是"钱学森之问"的草根性表述。

就公众对大学校长素质的期待，2008年年底，中国青年报社会调查中心对全国5358名公众展开在线调查。70.5%的公众坚持认为，大学校长首先应该是一个教育家，并坚信，"只有出现了教育家型的校长，中国的高等教育才会有更广阔的发展前途"①。

2010年1月26日上午，温家宝总理与来自科教文卫体各界的10位代表会谈，听取他们对《政府工作报告（征求意见稿）》的意见与建议。温家宝说：

① 李颖、黄冲：《70.5%的人希望大学校长首先是教育家》，载《中国青年报》2008年11月18日。

“一所好的大学，在于有自己独特的灵魂，这就是独立的思考、自由的表达。千人一面、千篇一律，不可能出世界一流大学。大学必须有办学自主权。”

温家宝的这番讲话衍生出2010年“两会”轰轰烈烈的有关大学“去行政化”的争论。

所谓“去行政化”，并非消弭大学内部的行政管理制度，而是取缔遭人诟病的大学校长的行政级别。由博客中国网站展开的“中国大学校长公众认同度调查问卷”表明，中国大学校长公众认同度不够理想。有69.87%的受访者认为，当下中国大学校长的总体形象更接近官员，认为更接近教育家的则不过6.54%，认为更接近专家学者的也不过9.98%①。

如果说，今日公众呼唤有灵魂的大学，而大学时下正在追寻自己独特的灵魂，这灵魂更多指的是制度化的文化，那么，一百年前，这个独特的灵魂便是大学校长，在中国当初特殊历史境遇下生成，后世尊之为“教育家”。

五

本书无意绘制一幅百年之前沪上大学校长的“清明上河图”。一来限于篇幅，二来囿于时间，第三则是担心浸淫史料难以自拔，功力捉襟见肘也。

于是，本书聚焦于这五位百年前沪上大学校长：马相伯、张寿镛、颜福庆、胡敦复、刘湛恩（以出生年份为序）。

遴选这五位，遵循六个标准：

一）中国人。

由此，担任圣约翰大学校长一职长达52年的卜舫济（Francis Lister

① 陈敏：《他们这样看校长》，载《南方周末》2005年6月30日。

Hawks Pott）不得不出局。尽管这位美国圣公会（Episcopal Church in the United States of America）传教士以对宗教的虔诚和对中国的热爱，呕心沥血，居功至伟，故有“北有司徒雷登，南有卜舫济”之说。司徒雷登与卜舫济，也是1926年10月国民政府颁布《私立学校规程》之后，仍留任的大学校长。况且，卜舫济当时能够不顾圣公会对传教士与当地华人通婚的约束，与圣玛利亚女校首任校长黄素娥结为连理，堪为破冰之壮举。

二）校长。

这样的话，对于作为南洋公学（后改为上海交通大学）创办人和首届学监的盛宣怀，只得忍痛割爱。于1878年协助施约瑟主教（Samuel Isaac Joseph Schereschewsky）创办圣约翰书院，并担任首届学监长达8年的颜永京，亦然。

三）大学创办人。

以此标准，同济大学首任华人校长沈恩孚显然无以入选。

四）首任校长。

尽管王伯群当初与厦门大学教授欧元怀、王毓祥等应三百失学青年要求在沪同创私立大夏大学，尽管他出任首任校务委员会委员长（后改称董事长），尽管他在校长任上长达17年，直至去世，但作为该校校长，他只是第二任。

五）视学校为毕生心血凝聚之作。

创办大夏大学并出任首届校长的马君武，以及上海大学首任校长于右任，便难以跨越这根标杆。学界公认，马君武的毕生心血凝聚之作乃广西大学，由此形成中国近代高等教育的“北蔡南马”。而于右任既非上海大学创办人（创办人应该是赶走“私立东南高等师范专科学校”这家学店老板的几位青年学生），也没有全身心浸淫于办学之中（可以说是被邵力子赶鸭子上架的），尽管他确定了办学宗旨与校名，并手书校牌。

六）在20世纪上半叶启蒙与救亡之特殊境遇下出任校长。

陈望道（复旦大学）、廖世承（上海师范学院）、孟宪承（华东师范大学）、贺绿汀（上海音乐学院）等便不予考虑，他们均为建国后首任校长。

不过，入选的五位大学校长中，唯一例外的是刘湛恩——沪江大学首任华人校长。刘湛恩既非该校创办人，亦非首任校长。然而，刘湛恩是抗战时期第一个被敌人暗杀的文教界名流，也是全国唯一遇难的大学校长和基督教领袖，以及唯一追授为烈士的大学校长。鉴于其血洒申城的壮举，其抛头颅洒热血的爱国情怀极大拓展了海派精神，特以专章追思。

本书以人物为经，学校为纬：

马相伯与震旦学院（后改为震旦大学）、复旦公学（后改为国立复旦大学）；张寿镛与光华大学；颜福庆与第四中山大学医学院（后改为国立上海医学院）；胡敦复与大同大学；刘湛恩与沪江大学。

同时，本书以五位大学校长为点，辐射成为一张时代群英与时代众生相之面，由此，点面结合，相得益彰：

马相伯——严复、李鸿章、袁世凯、蒋介石、马建忠、蔡元培、于右任、邵力子、“七君子”等。

张寿镛——王丰镐、卜舫济、钱基博、朱经农、廖世承、孟宪承、罗隆基、郑振铎、陈望道、钱钟书、周有光、张芝联等。

颜福庆——毛泽东、谭延闿、伍连德、胡美、颜永京、颜惠庆、颜德庆、汤飞凡、苏德隆、陈同生等。

胡敦复——胡雨人、胡明复、胡刚复、胡适、任鸿隽、赵元任、吴在渊、竺可桢、苏步青等。

刘湛恩——王立明、魏馥兰、张学良、何应钦、邹韬奋、温宗尧、赵竹光、徐中玉等。

既然这五位沪上大学校长是20世纪上半叶启蒙与救亡之特殊境遇

下的产物,他们便拥有某些具有时代烙印的特征:

一)他们大都年幼来沪求学或学成归国来沪创业(颜福庆出生上海),迅速融入海派文化,并以上海人自居。

二)留洋并获取西方名牌大学学位成为他人生履历的关键一环,或自由受西学熏陶(张寿镛例外),胡敦复还直接参与留美庚款生的遴选与遣送。

三)入仕往往成为他们报国之途径(胡敦复与刘湛恩除外),由此也为办学聚集枝繁叶茂的人脉。可以说,在成长为教育家之前,他们首先历练成杰出的社会活动家

四)他们尽显筹资才华,却没有把教育当产业去经营,而是视作事业来全身心奉献。

五)他们不是毁家办学就是举家办学,家族本位的力量彰显儒家文化之特色。

六)无论宗教信仰归属还是意识形态划分,他们均具有朴素的爱国主义精神,是教育救国教育强国理念的追随者与践行者,甚至不惜抛头颅洒热血。

七)尽管身为时代骄子,在教育普及率极为低下的那个年代,能够接受优质教育,然而,他们在学术上建树有限,著述亦少。张寿镛的皇皇8集173种1176卷《四明丛书》,更多是汇编,而非原创。他们如若不倾心于办学,20世纪中国的学界或许会增添几位陈寅恪、钱钟书之类的学界泰斗。

八)德国社会学家马克斯·韦伯(Max Weber)意义上的人格力量(Charisma)[1],即超然的资质与魅力,感召众人,而众人心悦诚服,登高

① Max Weber: Wirtschaft und Gesellschaft: Grundriß der verstehenden Soziologie. besorgt von Johannes Winckelmann. 5. rev. Aufl., Tübingen: Mohr Siebeck, 2002.

一呼、万众归心，他们一应俱全。

九）不仅仅因为首创了学校并出任首届校长，他们俨然成为学校的代名词，学校与个人浑然一体。他们就是学校的灵魂。

六

本书以基于质性研究（Qualitative Studies）的社会化路径（Socialization Approach）为研究方法，在叙述上采用大散文的笔法。

社会化可以被理解为“人在与社会环境、物质环境相互依赖中来实现其个性形成与发展的过程”①，社会对人的建构与人对社会的建构，这对矛盾构成社会化的第一焦点②。

而质性研究是一种以整体观（holism）和情景性（contextuality）为核心价值的学术探究形式，它强调研究过程中人、事、物、情景等多要素之间的互动。

基于质性研究的社会化路径凸现的是生平阐释（Biographical Interpretive），旨在探寻个人意义的深度层次③，从而挖掘教育家成长规律。况且，这也体现20世纪90年代以来质性研究的一个趋势，即社会科学研究的生活史转向（The Turn to Life History in Social Science）。可以说，社会科学引来一个“生平时代”（Biographical

---

① Dieter Geulen & Klaus Hurrelmann: Zur Problematik einer umfassenden Sozialisationstheorie. In: Hurrelmann, Klaus & Ulich, Dieter (Ed.): Handbuch der Sozialisationsforschung. Weinheim & Basel: Beltz, 1980.

② Ke Yu（俞　可）: Sozialisation im späteren Erwachsenenalter. Ein Kulturvergleich zwischen Deutschland und China. Berlin: Wei?ensee, 2005.

③ Prue Chamberlayne & Joanna Boornat & Tom Wengraf: The Turn to Biographical Methods in Social Science Comparative Issues and Examples. London: Routledge, 2000.

Age)[1]。其出发点是：人们叙述生活故事，旨在对那些内隐于其个体生活的社会背景的宏大问题提供个性化的切入点及独自洞见[2]。这也恰合人类发展的轨迹："人类是讲故事的生物，无论是个体还是社会群体都过着一种故事性的生活"。正因为人的存在是经验的存在，而经验又是历时性与社会性生活之结晶，所以说，生活史转向亦为"叙事转向"(Narrative Turn)[3]。

通过对这五位沪上大学校长展开的生平阐释，教育家成长规律得以凸显，进而挖掘当下大学变革的力量，由此也彰显社会化研究之意义与价值，即对那些散布与潜隐在教育家群体或个人日常教育实践中的教育领导力之揭示。

可见，与其说，社会化在此扮演着研究方法的角色，不如说，社会化承担着元框架的使命，从而为教育领导研究探索提供一条创新性的方法论路径[4]。

在这个意义上，本书被列入上海市高等教育学会2009年度重点课题。上海市高等教育学会籍此意在展现更多具有敬业精神、开拓意识、创新能力、国际视野的海上教育家，从1843年开埠以来，延续至世博年。

本书所描述的马相伯、张寿镛、颜福庆、胡敦复、刘湛恩，只是筚路蓝缕、披荆斩棘的先驱者之代表。

---

① Dan Goodley & Rebecca Lawthom & Peter Clough & Michele Moore: Researching Life Stories. Method, theory and analyses in a biographical age. London: Routledge Falmer, 2004.

② Ivor F. Goodson & Patricia J. Sikes: Life History Research in Educational Settings. Buckinghan & Philadelphia: Open University Press, 2001.

③ F. Michael Connelly & D. Jean Clandinin: Stories of Experience and Narrative Inquiry. In: Educational Researcher, 1990（5）.

④ 俞可：《教育领导研究方法论刍议》，载《复旦教育论坛》2010年第一期。

七

回眸中国的百年大学历程，一个重要的构造过程不难显现出来：时代无时无刻不在选择教育家，而教育家也在不懈不馁地选择各自在时代中所扮演的角色和自身对时代最敏感问题的认知与回应。

这是一种双向选择。

以多次呈请辞职，70年前去世的蔡元培把这种双向选择演绎到了极致。

最广为流传的一次是在五四运动期间，"思想自由，兼容并包"① 以及"同患国难，共御外侮"② 之北大精神高歌猛进，"虽斧钺加身毫无顾忌"③ 。教育总长傅增湘于事发次日即训令各校校长④ ："对于学生，当严尽管理之责。其有不遵约束者，应即立予开除，不得姑宽，以敦士气而重校规，仰即遵照。"

时任北大校长蔡元培坦陈⑤ ，"本校全体学生又以爱国热忱，激而为骚乱之举动，约束无方"，而"恐若因此增加学生对于政府的纠纷，我个人且将有运动学生保持地位的嫌疑"⑥ ，于1919年5月9日，携北大总务处职员段子均悄然出京，并毅然疾书⑦ ：

我倦矣！"杀君马者道旁儿"。"民亦劳止，汔可小休"。我欲小休

---

① 蔡元培：《我在教育界的经验》，载《蔡元培全集（第八卷）》，浙江教育出版社，1997。

② 蒋梦麟：《北大之精神》，载《过渡时代之思想与教育》，商务印书馆，1933。

③ 马寅初：《北大之精神》，载《马寅初演讲集（第四集）》，商务印书馆，1928。

④ 中国第二历史档案馆：《民众运动》，载《中华民国史档案资料汇编（第三辑）》，江苏古籍出版社，1991。

⑤ 蔡元培：《蔡元培全集（第三卷）》，中华书局，1984。

⑥ 蔡元培：《我在北京大学的经历》，载《蔡元培全集（第七卷）》，浙江教育出版社，1997。

⑦ 蔡元培：《辞北大校长职出京启事》，载《北京大学日刊》1919年5月10日。

矣！北京大学校长之职，已正式辞去；其他向有关系之各学校、各集会，自五月九日起，一切脱离关系。特此声明，惟知我者谅之。

举国震惊。

京城各高校代表联名上书北洋政府，务请挽留蔡元培[①]。上海学生联合会5月15日发布宣言，称“夫蔡先生去，则大学虽存犹死；大学死，则从此中国之学术思想，尽入一二有权威者掌握之中，而学界前途遂堕于万劫不复之境。岂惟蔡先生一人、北京大学一校之关系，中华将来之文明，实将于此决其运命”[②]。5月19日，北京各校学生罢课；26日，上海各校学生效仿，人数逾二万。

蔡元培辞职遂成为公共事件。

同年6月15日，在《不肯再任北大校长的宣言》中，蔡元培列陈三大理由[③]：

一）我绝对不能再作那政府任命的校长。因为北京大学校长是简任职，是半官僚性质，便生出许多官僚关系，哪里压呈，哪里用咨，天天有一大堆无聊公牍。要是稍微破点例，就要呈请教育部，候他批准。……我蔡元培是个痛恨官僚的人，能甘心仰这些官僚的鼻息吗？……

二）我绝对不能再作不自由的大学校长。思想自由，是世界大学的通例。……我蔡元培进去了，想稍稍开点风气，……哪知道旧的一方面看了这点半新的，就算洪水猛兽一样了。……于是教育部来干涉了，国务院来干涉了，甚而什么参议院也来干涉了，世界上有这种不自由的大学吗？还要我去充当这种大学的校长吗？

---

① 《蔡校长辞职后所闻》，载《晨报》1919年5月11日。

② 《学生联合会二次宣言》，载《民国日报》1919年5月15日。

③ 蔡元培：《不肯再任北大校长的宣言》，载《蔡元培全集（第三卷）》，中华书局，1984。

三）我绝对不能再到北京的学校任校长。北京是个臭虫窠，这是民国元年袁世凯所送的徽号。所以无论何等高尚的人物，无论何等高尚的事业，一到北京，便都染了点臭虫气味。我已染了两年有半了，好容易逃到故乡西湖、鉴湖，把那个臭气味淘洗净了。难道还要我再去作逐臭之夫，再去尝尝这气味吗？

尽管此篇措辞激烈的宣言在亲友劝说下未及时公开，却自然流露蔡元培之心声。

辞职看似闹剧，实则为教育家与时代的交锋。从某种程度上来说，通过把大学卷入政治漩涡中心，学生爱国运动试图修正蔡元培的办学理念，即“大学者，研究高深学问者也”①。

此番交锋，对于曾沉浮于政界的蔡元培来说，无可规避。出任民国首任教育总长之际，蔡元培便尖锐地指出②：

教育有两大类别：曰隶属于政治者，曰超逸于政治者。共和时代，教育家得立于人民之地位以定标准，乃得有超逸政治之教育。

同时，就教育救国与高等教育国家主义，留学德国的蔡元培又秉承所谓的德意志经验③：

普鲁士受拿破仑蹂躏时，大学教授菲希脱（指费希特——笔者注）为数次爱国之演讲，改良大学教育，卒有以救普之亡。而德意志统一之盛业（普之胜法，群归功于小学教员，然所以有此等小学教员，高等教育之力也）亦发端于此。

引咎辞职无疑是唯一抉择。

---

① 蔡元培：《就任北京大学校长之演说》，载《蔡元培全集（第三卷）》，中华书局，1984。

② 蔡元培：《对于新教育之意见》，载《蔡元培全集（第二卷）》，中华书局，1984。

③ 蔡元培：《致汪兆铭》，载《蔡元培全集（第三卷）》，中华书局，1984。

无论结局如何，辞职事件弘扬的却是教育家面对国家行政权力的独立精神以及教育家办学（大学）所坚守的高校自治与学术自由[①]。

时代选择了蔡元培，蔡元培担纲了时代所赋予的角色。

梁漱溟说道[②]："陈胡（指陈独秀与胡适——笔者注）以及各位先生任何一人的工作，蔡先生皆未必能作，然他们诸位若没有蔡先生，却不得聚拢在北大，更不得机会发抒。"

胡适曾转述约翰·杜威的话[③]：

"拿世界各国的大学校长来比较一下，牛津、剑桥、巴黎、柏林、哈佛、哥伦比亚等等。这些校长中，在某些学科上有卓越贡献的，固不乏其人，但是，以一个校长身份，而能领导那所大学对一个民族、一个时代起到转折作用的，除蔡元培而外，恐怕找不出第二个。"

蔡元培是独一无二的，蔡元培的北大亦独一无二，不啻为"永远的校长"。

类似蔡元培的这种选择越是纷呈而自由，教育家便星空璀璨，大学也就越是活力无限。

蔡元培辞职风波不啻为对时下热议的高校"去行政化"合乎时宜的注解。

再则，从人才培养角度来说，正如我祭祀钱钟书百年所感叹的，"当今的中国大学要是能够再培养出如此大才，哪怕仅一位，恐怕所谓的语文捍卫战自然就偃旗息鼓了"[④]，时下中国大学要是能够再出现蔡元培

① 俞可：《大学校长：游走于高校自治与学术自由之间》，载《中国的立场：现代化与社会主义》（2009年度上海市社会科学界第七届学术年会文集），上海人民出版社，2009。

② 陈平原、郑勇编：《追忆蔡元培》，中国广播电视出版社，1997。

③ 冯友兰：《中国现代哲学史》，香港中华书局，1992。

④ 俞可：《魔鬼启动钱钟书百年祭》，载《中国教育报》2010年3月17日。

式的教育家，哪怕仅一位，恐怕所谓的“钱学森之问”便可迎刃而解了。

通常情况下，政治秩序尤其是强大而有效政府之确立是社会发展的前提性保障①，恰恰20世纪上半叶，军阀混战中的中国沉陷于政权失落、社会失序、道德失范，即塞缪尔·亨廷顿（Samuel Phillips Huntington）所言的“普力夺主义”（Praetorianism），却大师辈出，教育家迭现。这何尝不令今人无地自容？！

八

百年世博梦，百年强国梦。

百年大学沧桑，百年对教育家的呼唤。

所遗存的问题，其内涵是丰裕而深邃的；所激发的启示，其价值是恒久而普适的。于是乎，在当今中国热火朝天的世界一流大学建设进程中，又何须言必称哈佛呢②？

回眸，而非倒退。

就此，被誉为“20世纪最具影响力的高等教育社会学家”、美国高等教育研究会（Association for the Study of Higher Education）前任会长、美国国家教育研究院（National Academy of Education）副院长伯顿·克拉克（Burton R. Clark）曾言③：

“历史的研究也就是要提供种种比较，帮助理解当前：用过去大学的概念来阐明今天大学的概念；早先几个世纪大学的衰弱和复兴也许

① Samuel Phillips Huntington: Political Order in Changing Societies. New Haven: Yale University Press, 1968.

② 俞可：《哈佛不是大众化阶段中国高等教育的导航灯》，载《中国青年报》2007年12月25日。

③ 伯顿·克拉克：《高等教育新论》，王承绪等译，浙江教育出版社，1988。

可以帮助我们了解今天的衰弱和明天大学复兴的可能性。关键的问题是：在哪些方面，如果有的话，高等教育总是同样的东西？当变化发生时，它们是直线发展，前进到新的存在形式，还是常常回归旧的形式，重新发明历史的车轮呢？历史的叙述帮助我们触及基础、接触系统的基本特性以及它们的原因和后果。”

这也印证了历史是“过去的事件跟前进中出现的将来目标之间的谈话”[①]这一判断。

本书不啻为一次尝试，旨在成为米歇尔·福柯（Michel Foucault）视域下的现在的历史，而非过去的历史[②]。

期待读者的反馈，以便酝酿《海上教育家》之续篇。

① 爱德华·霍列特·卡尔：《历史是什么》，吴柱存译，商务印书馆，1981。
② 米歇尔·福柯：《知识考古学》，谢强、马月译，三联书店，1998。

目录

第一章

爱国老人的世纪教育情怀

11岁那年，他背离父母出走家庭，只身闯荡上海滩。他走呀走，走过了大清五朝、民国六位总统、国民党四任主席，走到了尽头，整整一个世纪已过，回望走过的路程，他认为自己只是一条狗，叫了一百年，还没有把中国叫醒……

1905年9月，紫禁城。

晚清重臣张之洞、袁世凯、赵尔巽、周馥、岑春煊、端方等联名上奏，要求废止科举，兴办学堂。

9月2日（农历八月初四），慈禧以光绪皇帝名义正式发布上谕：

“方今时局多艰，储才为急。朝廷以近日科举每习空文，屡降明诏，饬令各省督抚，广设学堂，将俾全国之人，咸驱实学，以备任使，用意至为深厚。前因管学大臣等议奏，已准将乡、会试中额分三科递减。兹据该督等奏陈，科举不停，民间相率观望，欲推广学堂，必先停科举等语，所陈不为无见。著即自丙午科（光绪三十二年，即1906年——笔者注）为始，所有乡、会试，一律停止；各省岁、科考试，亦即停止。其以前举、贡、生员，分别量予出路，及其余各条，均著照所请办理。”

由此，自隋炀帝大业元年（605年）设进士科取士以来，历时1300年的科举寿终正寝。

严复曾说：

“不佞尝谓此事乃吾国数千年中莫大之举动，言其重要，直无异古者之废封建，开阡陌。造因如此，结果如何，非吾辈浅学微识者所敢妄道。”（《严复集·论教育与国家之关系》）

而在13天之前，东京赤坂区灵南坂，日本国会议员阪本金弥住所。

光复会、华兴会、兴中会、科学补习所等革命团体在东京联合组成同盟会。

是年，伦敦。

为“先革命”还是“先教育”的问题，孙中山与严复展开论战。

严复提出：

“以中国民品之劣、民智之卑，即有改革，害之除于甲者将见于乙，泯于丙者将发于丁。为今之计，惟急从教育上着手，庶几逐渐更新乎！”

孙中山则认为，革命更为急不可待，反驳说：

“俟河之清，人寿几何？”（《侯官严先生年谱》）

11月26日，日本。

中国同盟会机关报《民报》出版。在发刊词中，孙中山把同盟会“驱除鞑虏，恢复中华，创立民国，平均地权”的政治纲领阐发为“民族”“民权”“民生”三大主义，即三民主义。

也在那一年，5月27日，上海。

《时报》第1张第1页同时推出两幅广告。

一幅是徐家汇天主堂刊登的招生开学广告《徐家汇震旦学院》：

“震旦学院前因学生误会意旨解散，而本学堂及各教员于中国教育之前途，热心未懈，即院中书籍，标本等亦一切无恙……”现拟“商订学科规则，定期招生，于七八月间开办，先此广告。”

另一幅为《前震旦学院全体干事，中国教员、全体学生告白》宣布：

“震旦解散后，除添建之校舍移赠教会作为酬谢外，凡公备一应器具暨书籍标本早经迁出。现暂借吴淞提辕，定于七月下旬开学，更名为复旦公学。旧时院名，久已消灭，此后倘有就旧基重行建设者，无论袭用旧名与否，与旧时震旦丝毫无关，特此敬白。”

复旦？名不见经传。

7月18日，上海。

这所闻所未闻、甚至被公众怀疑为虚无缥缈的学校在《时报》刊登招生广告：

“本学期拟招生一百六十名，前震旦旧生报到者一百二十名，尚余四十名改补招新生。”

7月24日，上海爱文义路22号（今北京西路），静安寺张园。

严复与马相伯主持了复旦公学首届入学考试。赴考者达400名，录取新生40名。

是年中秋节，1905年9月13日，上海吴淞镇提督行辕衙署旧址（今泰和路99号吴淞中学处），几间年久失修的平房。

复旦公学开学，马相伯被公推为校长，严复为总教习，李登辉任教务长，总务主任为袁观澜，于右任则出任马相伯校长的书记（秘书）。

就在这些茅屋里，一位65岁老人，“当其兀坐讲台时．搁铜框巨目镜于鼻端，终日口讲指画，不以为苦。”（《复旦大学志》）

马严二公　草创维艰

此时的马相伯，囊空如洗。

幸好时任两江总督周玉山鼎力相助。

“大家决定了，我便打了一个电报给两江总督周玉山，请他把这个旧衙署拨给我们，并请他帮助些经费，他回电很鼓励我们，吴淞旧镇署照拨，并汇了两万银子给我们做经费。”（马相伯《从震旦到复旦》）

周玉山拨给马相伯吴淞营地七十余亩作为建筑校舍之用，并暂借旧吴淞提督行辕作为临时校舍，并开办费万元。

是年冬天，马相伯再次为了学校发展求助周玉山：

“师乃再请于江督，月拨经费二千元，学校之根基乃渐固。”（《复旦同学会会刊》八卷二期1939年3月号）

后经奏准，每月拨白银1 400两为常年经费。

校舍与经费之困暂时得以缓解，马相伯又为人员发愁。突然，他想起了一个人。

严复。

严复比马相伯小14岁，但已蜚声中外，被誉为清末西学东渐第一人，曾出任北洋水师学堂总教习、总办。

尽管严复与马相伯在意识形态上南辕北辙，马主民主共和，严拥君主立宪。在1903年出版的《群学肄言 · 自序》中，严复责备革命派“擅撞号呼，欲率一世之人，与盲进以为破坏之事。顾破坏宜矣，而所建设者，又未必其果有合也，则何如其稍审重，而先咨于学之为愈乎！”（《严复集》第1卷第123页）之后，严复因卷入洪宪帝制，为世人诟病。然而，在教育救国问题上，两人志同道合。

当时，与孙中山在伦敦争论不久后的严复尚逗留法国。马相伯去电请他回国“合办新学院”，严复应允，遂于五月由欧洲回国。

一进复旦，几乎满眼的革命派，于是，严复以复旦“主意之人太多，恐办不下”，请求辞去。经马相伯说服，便暂留复旦，且对新生的复旦不遗余力。

当时，由严复领衔，曾铸、汤寿潜、袁希涛、萨镇冰、熊希龄、张謇、狄葆贤等28人具名，作为复旦公学的校董，发表《复旦募捐集捐公启》，向社会各界募集办学资金。这篇《公启》，洋洋洒洒，鞭辟入里，典雅秀丽。以论

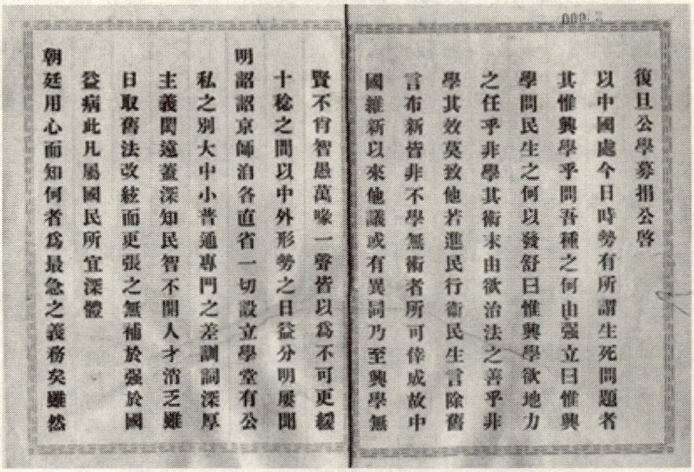
復旦公學募捐公啓
以中國處今日時勢有所謂生死問題者
其惟興學乎問吾種之何由强立曰惟興
學問民生之何以發舒曰惟興學欲地力
之任乎非學其術末由欲治法之善乎非
學其效莫致他若進民行衛民生言除舊
言布新皆非不學無術者所可俾成故中
國維新以來他議或有異同乃至興學無
賢不肖智愚萬喙一辭皆以爲不可更緩
十稔之間以中外形勢之日益分明歷聞
明詔詔京師洎各直省一切設立學堂有公
私之別大中小普通專門之差謂詞深厚
主義閎遠蓋深知民智不開人才消乏雖
日取舊法改絃而更張之無補於强於國
益病此凡屬國民所宜深體
朝廷用心而知何者爲最急之義務矣雖然

* 复旦公学募捐公启

点与文风，当出自严复之手笔。

同年6月21日，复旦公学刊出广告：

“本学的教授管理法，由严几道和马相伯两先生评定。”

所谓的教授管理法就是《复旦公学章程》。尽管这份章程由马相伯与严复共同拟定，其中不少条款与严复一贯思想如出一辙。

《章程》的宗旨为：“俾吾国有志之士，得以研究泰西高尚学术，由浅入深，行远自迩，内之以修国民之资格，外之以裁成有用之人才。”对教育的理解相当接近近代教育的含义，同时也更加体现严复培植人才，救亡图存的教育救国论思想。

根据清政府颁布的“癸卯学制”，复旦公学的教学程度略低于大学堂，属大学预备学校性质。

新的章程规定学校的大部分课程直接采用外文讲授，并且用较大的篇幅详细地解释说明外文授课的目的、意义以及必要性。“复教子弟，以现时学校之难信，故宁在家延师先治中学，至十四五而后，放手专治西文，一切新学皆用西书，不假译本。”

但“本国历史、舆地、数学诸科，须用汉文”，规定学生入学后，每月需交国文作文一二篇，由教师评定公布，一旦有学生“有意唾弃国文，虽录取亦随时摒弃”。学校还在每个周末举行演说会，由校长、教员登堂演说。

母语与外文并重，中西融会贯通，这显然承接着马相伯与严复的国人办学的精神。

1902年，马相伯就认识到，“我国人士谭西学，诵西文数十载矣，然所事皆彼中童幼商工所普习，而非我士大夫所当及也。鄙人潜思三十余年，非经典之书不读，非名家之作不观。所心得，所置意者唯此士大夫之学，所乐与好学深思之士，共相讨论也。”（《震旦学院开学记》）

恰巧也在当年，在《与外交报主人论教育书》中，严复指出：“既治西学，自必用西文西语而得其真。”（《严复集》第561页）他主张在中学堂，洋文功课应占十之七成，西学皆用洋文授课，在高等学堂，则应直接聘请洋教习担任授课。

而爱国精神更是通过确定公学徽章来强化：“拟用金制黄玫瑰，以明黄人爱国之义。”

复旦公学的教师在教学中也都本着务实精神，“发展科学，学以致用”，为学生提供良好的学习条件。马相伯聘请李登辉、袁观澜、周贻春、赵国材等来校任教。

马相伯以身作则。在师生的眼中，他是一位宽容而庄严的长者。和同学亲密无间，促膝长谈。学生一旦有疑问或困难便径直去找校长。马相伯尤其喜欢学生提出异议，听到质疑，他越发高兴。自由讨论在学校蔚然成风。

其实，马相伯是一名十足的严师。他不仅亲自为学生开设法文课，每周日上午九时至十二时，他还召集同学开讲演会，指定题目，先由一人登台讲演，然后轮流推举学生中一二人加以评论，使在场每一人均可发挥各自意见，互相观摩，以此教学相长。

马相伯常“集诸生于一堂，诏以种族之大义，安攘之重任”。

毕竟是草创，举步维艰。临时校舍虽在提督衙门，但年久失修，在旧房二三十间中，只得稍大的空间兼作礼堂、饭厅和大教室，其余作为办公和学生寄宿之用。由于学生宿舍不足，不少学生不得不租赁民房暂栖。

在艰难的创业阶段，师生同心同德，也不失为锻造精神的时机。

1908年，杨鋆等8名首届高等正科生毕业。至1911年辛亥革命爆发，共毕业高等正科生四届，计57人。另有部分学生不待毕业便出洋留学或投身反清革命活动，如陈寅恪、竺可桢、曹惠群、郑桐荪、胡敦复、于右任、

* 严复

邵力子等，这些早期学生大多成为国之栋梁。

1906年，马相伯东渡日本，致函时任安徽高等师范学堂校长的严复，请他接任复旦监督（校长）一职。严复在写给甥女何纫兰的信中说：

“本日复旦诸生以书恳我为之校长，经诺之矣。不识能兼顾否？”

严复第二次被马相伯说服。

一旦接手，严复便兢兢业业，励精图治。

除了整顿校纪、精简编制，对严复来说，经费问题是最大困惑。1907年2月，在给夫人朱明丽的信中，严复提到：

“复旦事甚难办。此次到宁，须与端督院破脑决断。若不起校舍，吾亦不能办也。”

严复曾去南京拜访两江总督、南洋大臣端方。经协商，从1907年起，从地方财政中月拨纹银1 400两为复旦经费，复旦财政拮据状况始稍缓和。

在教学上，严复亲自批阅学生翻译作品，并请美国武官来校教体操。

学校当时布告，均由严复亲手撰拟与抄写，词句骈丽，书法秀逸，深为青年学子追捧。布告一出，即刻有人摄影保存，一时传为佳话。

鉴于精力不济，无暇两顾，严复多次提交辞呈，并反复替自己物色后继人选。在给端方的一封信中，他谈到：

“复旦监督一席，若一时难得其人，许复举贤自代，则窃意夏敬观与此校交涉凡三四次，于其中办理情形极称熟悉，其人亦精明廉干，似可派充。”

1907年，严复辞去复旦监督职务，由夏剑丞，之后高梦旦继任。

然严复仍时时关心这所与马相伯联手创办的学校。

一次，复旦数学教员周益卿生病，一时无人上课。时任复旦监督夏剑丞请严复设法解决。严复即给其学生伍光建写信，托他介绍适当人选，称，协助复旦，“亦一盛德事耳”。

严复前后出任复旦大学监督（第二任校长）、安徽高等师范学堂监督（校长）和北京大学（京师大学堂更名后）首任校长，但任期是惊人的短暂，在北京大学任上甚至不足一年。

他终生承担着开启民智的使命，特立独行而孤傲不羁，但在袁世凯复辟的闹剧中扮演了不合时宜的角色，则使他在新民主主义大环境中难以立足。

正如严复在伦敦与孙中山争辩中，孙中山一语成谶：

“君是思想家，敝人是革命家。”

马相伯既非思想家，亦非革命家，实干家而已——爱国实干家。

出走家乡　出走教会

1839年，林则徐虎门销烟。

清廷腐朽，越禁越旺。

次年4月7日，江苏丹阳胡桥马家村。

行医为业的马松岩亲手为夫人沈氏接生。这第四胎又是足月顺产。

男孩。

马松岩的后代是建字辈，遂给这个新诞生的男孩取名为建常，字相伯。

马松岩祖籍江西南昌，是宋元之际《文献通考》作者马端临第十九代孙。明万历年间，利玛窦来华传教，遍及南昌，马松岩祖上由此皈依天主教徒。清初，马家由南昌迁居江苏丹阳北乡，世代繁衍，遂成马家村落。

马松岩14岁时，体弱多病，久病成良医。随着身体日渐康复，他就在丹徒（今镇江市）行医，开设药铺，并娶丹徒县沈氏为妻。

沈氏的父母亦笃信天主教。她识字，看圣书，留天足，乐善好施，更是

* 马相伯

贤明识大义。但对自己孩子来说，这个家庭是严母慈父。

马松岩对于贫苦人家，一律送诊，分文不取，乡里称他为绅士。

二岁那年，马相伯染上天花，幸好家人对他及时诊治，得以逃过一劫。

也是那一年，清廷签订了中国有史以来第一个不平等条约——《南京条约》。

此后，马松岩又开设米店、布店。

马相伯5岁入学，8岁接受家塾，读天主教经典，老子儒家书籍。而他的兴趣在于天象运行，从小就喜欢寻根究底式的追问，不求甚解。

1851年冬，天寒地冻。

带着自己积攒的铜钱作盘缠，瞒着家人，用了十天的功夫，11岁的马相伯独自走上了背井离乡之路。从镇江来到上海。

在徐家汇天主堂，马相伯走进法国天主教耶稣会所办的圣依纳爵公学（1927年改徐汇公学，今徐汇中学），报名入学。

老师上下打量他一番，问道：

“你在镇江私塾每天读书几行。”

“十二行。”

马相伯觉得这个问题简直是多余的。

教师便也让他读十二行。马相伯并不诵读，浏览之后，随即熟练地背诵起来。

加到二十四行，后又加到六七十行……

马相伯仍可以一字不差地烂熟于胸，如神童转世。

在公学校长神甫晁德莅（Angelo Zottoli）的传授下，马相伯继入小修院、大修院，攻读法文、拉丁文、希腊文、哲学、神学、数理和天文等学科。

1858年，为了逃避太平天国战争，全家迁徙来沪，弟弟马建忠也入校。

马相伯日后追忆：

"予读书徐家汇时，太平天国忠王李秀成，曾驻军徐家汇，一宿即去。人尚和蔼，教堂及地方人民，亦无惊扰，忠王龙袍红巾，指示用印长尺余，予等年少，争出往观清早祈祷，惊为奇事。"(张若谷《马相伯学习生活》)

晁德莅神甫是意大利人，精于汉学。马氏兄弟，聪颖过人，勤奋好学，深得晁德莅神甫喜爱。他分别给兄弟俩取名，相伯叫"马斯藏"，马建忠叫"马斯才"。

法国领事用重金聘请他为秘书，这是份令人羡慕的工作，可他婉辞了这份美差："我学法语，是为中国人用的。"遂继续留校深造。

1862年，耶稣会在上海设立神学院，由晁德莅神父主持。神学院招收11个初学修道的弟子，其中9人是由徐汇公学毕业学生中选拔而来，22岁的马相伯顺利入选进院当修士，接受神修训练。

1870年，30岁的马相伯通过耶稣会adgradum考试，获神学博士学位，入耶稣会，并授职司铎(神甫)。

由此，他长达20年的求学生涯告终，对学问也深有感悟：

"学问社会，世界人类所共有，不必分中西以立异也，出处行藏，是人对于国家民族所独有，不能稍事通融。予立于泰西信仰社会，及种类学术之社会，尽彼所长，转授国人。此世界公共之学，从吾所好，与世界同此社会，即与世界同尽其能。故西人学位名位可受，西国官爵富贵不可受。谀西人而挟本国之富贵，更为可耻，前有洋奴，今有汉奸，君子不为。"

可世界主义仅仅是个梦幻。在教会，外国教士鄙视中国人，马相伯的才能就遭受嫉妒。入耶稣会次年，他便被指派到徐州一个小镇教堂管理教务，美名曰"实习"。

是年，徐州水灾，民不聊生。

马相伯向长兄马建勋要了2 000两白银赈灾。法国耶稣会教士得知，认为未经教会许可，擅自调动银两，触犯教规，将马相伯幽禁在上海耶稣会内“省过”。

马相伯百思不得其解。

马建勋在李鸿章麾下效劳，因抵御太平军有功，主管淮军办理粮台。得知弟弟相伯被禁，大怒，兴师动众向教会问罪，马相伯得以自由。

巧的是，这一年，血气方刚的弟弟马建忠，因不堪洋修士污辱，愤而离开耶稣会，投身李鸿章的洋务运动。

1874年，教会委派马相伯担任徐汇公学校长，兼管教务。

他对学生讲授中国经、史、子、集诸文，又亲自送学生去应童子试。在他任内，学生考中秀才的达60余人。教会担心学生成为异教徒（孔教），遂派他兼任耶稣会编撰，研究数理。

马相伯自幼热爱数理，早年写就《数度大全》笔记，但已散佚。利用这个机会，他在一年内译著书籍百余卷，名为《数理大全》，却被教会束之高阁，不予印发，译稿逐渐蠹坏。

教会仍心有余悸，1875年，遂解除其校长之职，指派他去徐家汇天文台专攻天文。然而，徐家汇天文台仅剩一架明末利玛窦用过的天文仪器，另外再加上几支寒暑表，一两支气压表，以及南格禄神甫带来的仪器。根本无法展开研究。

次年，教会再次调遣他，此番赴南京，专任编撰，翻译数理诸书。

马相伯终于忍无可忍，遂退出耶稣会。

投身洋务　仕途坎坷

1876年，经长兄马建勋介绍，马相伯入山东藩司余紫垣担任幕僚，掌理文案。余紫垣兼任山东巡抚，就把他的藩司官章交给马相伯。随后，余紫垣又委托他接任山东潍县机械局差事。接着又到天津入李鸿章幕府，当了李鸿章两年的私人秘书。

此间，经余紫垣作媒，还俗的马相伯在山东和一位书香门第的王氏结婚生子。

1881年3月，黎庶昌出任驻日公使，马相伯为参赞，后又改任神户领事。

1882年，“壬午兵变”之后的高丽倡“锁国攘夷”之说，王室新旧两派互讧。日本伺机鼓动高丽独立，清廷派提督吴长庆率兵赴汉城坐镇，李鸿章命马相伯襄助协理新政。

这一年，在法国获法律硕士学位的马建忠也奉李鸿章之命，随丁汝昌出使朝鲜。

高丽王李熙聘马相伯为高丽政治顾问。但是，无论起草的《上朝鲜国王条陈》中所提出的省刑罚、定刑典、广取才、恤奴婢、求富庶、慎疾疠、兴工业、兴学校和正经界等九条新政，还是建议闵妃派太子去欧美留学，均不了了之。马相伯悻悻而归。他从高丽的封建积习中看到清廷的风烛残年：

“中国者放大之高丽；而高丽即具体而微之中国也。”

1885年，马相伯奉派清查招商局账目，发现弊端累累，提出《改革招商局建议》。

1887年，马相伯奉李鸿章之命赴美国接洽借款，筹办银行事宜。以马相伯学贯中西、上通天文下通地理以及卓越的演讲才华，筹措资金高达五亿两。

马相伯遂喜形于色地通告李鸿章。

消息走漏，一时清廷沸腾，保守派百般攻讦，慈禧谕军机大臣：

“李鸿章与美商订约合股开华美银行，此事流弊甚多，断不可行。现文章论劾，众议沸腾。该督如果有与美商订约之事，着即罢议，迅速复奏，毋再迁延不咎。”

李鸿章只得复电马相伯：

“办法正当，朝廷大哗，舆论沸腾，群矢集我，万难照准。”

又是当头一棒。洋务救国，此心已碎。

而之前，弟弟马建忠因招商局换旗风波险些被清廷处决，之后又在招商局与盛宣怀角逐时败北，一片茫然。

马相伯从美国回国时，绕道欧洲，考察欧洲社会人文，尤其是新式大学。

“欧美之强盛，我国之厚弱。”

这是他游历欧美的亲身感受。

痛定思痛。

“自强之道，以作育人才为本，求才之道，尤宜以设立学堂为先。”

教育救国，点燃了这颗行将绝望的心。

此时，他妻子和儿子死于海难，父母也相继病逝，他无所牵挂，破釜沉舟。

于是，“启发民智，教育救国”，办一所新式学校，便成了马相伯的一

* 马建忠

个夙愿。

“我幼时便因国家忧患而感受痛苦，记得读法文通史课本中，有对我国所下评语，讥刺我们这种民族……我的好老师，常提醒我为国努力。”

1900年8月，马相伯做了第一次教育救国的尝试，而且是惊人之举。

他将自己的全部家产——松江、青浦等地的三千亩田产，捐献给天主教江南司教收管，作为创办“中西大学堂”的基金，并立下“捐献家产兴学字据”。规定该产业供作中西大学建成后的学生助学金。

他把教育救国的愿望寄托在教会身上。不料耶稣会接受了马相伯的财产，却并不办学。

当年8月30日，李鸿章因主持和议，要赋闲在家的马建忠担任外交助理，并令马建忠赶译一份俄国专电。马建忠译完电文已午夜。次日清晨，溘然长逝，时年55。

仕途失意，办学失意，还有家破人亡，学术却春风得意。

语言学巨著《马氏文通》以及《拉丁文通》、《艺学统纂》相继问世。这是兄弟俩的学术结晶。

或许正是教会的沧桑以及仕途的坎坷，成全了马相伯凤凰涅槃，而马相伯最终造就了复旦。

旦复旦兮　光我中华

1910年，马相伯复任校长。

翌年，辛亥革命爆发，为避战乱，马相伯与教务长胡敦复将学校西迁无锡，在无锡士绅支持下，借惠山李鹤章大公祠为课堂，昭忠祠为宿舍，继续教学。

上海光复，学校返沪。但吴淞校舍为光复军李燮和部作司令部占用，立足无地，学生星散，学校中辍。

1912年5月5日，南京临时政府教育部通告各省：大局初定，速令高等学校、专门学校开学。一时各校纷纷筹备复课，复旦则因校址无着，经费困难，束手无策。

力争复校，古稀马相伯奔走呼吁，请弟子、时任临时政府交通部次长于右任邀集复旦校友胡敦复等42人，联名上书临时国民政府教育部。题为《于右任等呈孙中山恳拨经费复办复旦公学文（一九一二年三月）》的呈文，先行叙述了“复旦公学，开办七载，成绩昭著，海内景从”的事实，然后说明“（校舍）光复军队借作机关部，青年三百，一时星散，官费旋亦中止，遂至停办”的现状，进而提出两点要求，其一是“咨请江苏都督，指拨图书公司或李公祠改作黉舍”，其二是“仰恳大总统酌拨经费若干，以资开办”等语。

孙中山即刻拨出大洋万元补助复旦，并责成教育总长蔡元培督办，蔡元培当即在“呈条”上批示：“准予立案，校舍一切，如呈办理”，并责令江苏代理都督庄蕴宽承办，庄将此事下达至上海县民政长吴馨具体落案。吴馨即将屋舍查明，告复：“李公祠屋宇较多，可敷复旦校舍之用”。

之后，于右任、马相伯、邵力子、胡敦复等七人共同发起并筹组校董会，聘请孙中山、蔡元培、陈其美等为校董。复校工作由此得以顺利进行。

1912年10月，马相伯辞去校长职务，由李登辉接任。

可古稀翁马相伯并未赋闲在家颐养天年。

是年，以中国天主教领袖人物的身份，马相伯与大清皇族后裔英敛之共同撰写了《上教宗求为中国兴学书》，提倡在北京建立一座天主教大学。英敛之随后于香山静宜园创办辅仁社（即后来的北京公教大学、私立

* 吴淞提镇行辕

北京辅仁大学)。私立北京辅仁大学正式获得政府立案,马相伯寄语辅仁大学:“齐驱欧美,或更驾而上之。”

这前后,他曾在东京任《政闻社》总务员,在南京任都督府外交司司长并代理都督,在北京曾代理北京大学校长,任北京政府政治会议议员、参政院参政、平政院平政等职。此外,他与章太炎、梁启超等发起创办“函夏考文苑”,这被誉为近代中国最早的建立科学院的设想。

但舐犊情深,马相伯最关心的还是一手创办的复旦。

1930年,在复旦建校25周年的庆祝会上,马相伯以92岁高龄亲临会场致开幕词,讲述当年创建复旦时的宗旨、抱负、困苦和希望,与会者潸然泪下。

翌年,九一八事变,国家濒临生死存亡之秋。

第三天,马相伯慷慨激昂发表抗日言论:

“噩耗传来,天地变色!国家危难至斯,诚达极巅……虽自顾老迈,亦愿勉励负一部分责任。”

在老校长的激扬之下,“沪上诸校,骚动不安,尤以复旦为烈”。爱国义愤之复旦师生率先五次赴南京政府请愿。

当马相伯在九一八事变后手书“还我河山”字幅，刊于《申报》，对国难慷慨陈词之时，复旦学子正在街头发传单、演新剧，奔走呼号，以唤醒民众。这不能不说，复旦学子浸淫马相伯的精神品格。

马相伯尽管两次出任复旦校长，但总的时间长度不足三年，却培养了于右任、胡敦复、徐季龙、翁文灏、邵力子等一批文化脊梁。

1919年5月6日8点30分，弟子邵力子敲响上海“五四”第一下钟声，集合同学，慷慨陈词。校学生自治会通电全国，发起成立全市学生联合会，声援北京五四运动。一时，复旦成为沪上五四运动指挥部和大本营。

1939年春，正值马相伯百龄寿辰，内迁重庆北碚夏坝的复旦师生们向滞留越南谅山养病的马相伯遥祝寿诞。马相伯还撰文勉励内迁的复旦学子，坚持抗战，为国成材。

复旦抗战西迁，有一则插曲。

国民政府当初打算将复旦与江苏医学院合并，改为国立，更名为“江苏大学”。此举势必扼杀“复旦”名字。

消息一经传出，复旦师生哗然。“复旦”校名乃一种革命传统之象征，不可废弃。

时任国民政府检察院院长的于右任，系官位最高的复旦校友，自然力挺复旦师生的要求。

1941年9月17日，重庆嘉陵宾馆。

于右任亲自主持在渝复旦校董会议，具体商定了复旦改为国立的条件和保留校名问题，校董同仁一致赞同。

时年10月，重庆，国民政府行政院例会。

因议程重要，时任行政院院长蒋介石及其副手孔祥熙均出席。蒋介石那天还破例亲自主持会议，并邀诸院院长参加，于右任在座。

当原定议程进行完毕，即告散会之际，蒋介石按惯例客套了一句：

“大家还有什么事？”

话音刚落，于右任即欠身发言：

“复旦大学拟改国立一事，早有报告呈交陈部长立夫先生，可否讨论？”

蒋介石猝不及防，只得随口道出：

“可以。”

于是，蒋介石令陈立夫将复旦的报告简述一遍。然后，环视会场：

“诸公有何意见？”

此事来得实在突兀，在座众人是一头雾水，故全场一时沉寂。

蒋介石见无人发话，便就势宣布：

“诸公若无意见，即告通过！”

这样，复旦大学改为国立并保留校名一事，得以拍板。

1941年11月29日，国民政府主席林森、行政院院长蒋介石及教育部长陈立夫联名发布命令：私立复旦大学改为国立。

于右任欣喜若狂，泼墨手书“国立复旦大学”六个大字，悬于重庆北碚该校门楣。1945年8月，抗战胜利，复旦大学迁回上海江湾，于右任手书校牌依然高悬校门。

为改校名一事，复旦师生为何如此愤然而兴师动众，最后以转为国立而告终。所要坚守的是一种怎么样的革命传统之象征？

这就要追述到复旦建校，马相伯为新校取名“复旦”。

“复旦”二字出自《尚书·大传》之《虞夏传》。秦汉之际，六经中的《尚书》通过伏生的口头传授得以传承。《虞夏传》记载，以庶人身份登基的舜将禅让给禹时，“卿云聚，俊乂集，百工相和而歌卿云。帝乃倡之曰：卿云烂兮，糺缦缦兮。日月光华，旦复旦兮。”“复旦”二字便出于舜所唱的《卿云歌》。卿云即祥瑞。“日月光华，旦复旦兮”意为舜禹禅让给天下带来无穷光明与福祇。

1913年2月，教育部三写《请撰国歌书》。汪衮甫便将《卿云歌》稍加损益，提交部议，得到吴敬恒等名流的赞同。

1920年4月，国歌研究会最终决定：“撰拟新词，不如仍用《尚书·大传》所载虞舜《卿云歌》一章。绎义寻声，填制新谱，庶全国人民易生尊敬、信仰之心，而推行无阻。且其所谓‘卿云糺缦’，实与国旗色彩相符；‘复旦光华’，并与国名政体隐合。”（《国务总理呈请颁布国乐文暨大总统指令》，载《音乐杂志》1921年第2卷）随后，国歌研究会聘请音乐界四大翘楚王露、吴梅、陈蒙以及萧友梅为《卿云歌》作曲。经过国务会议的决议和总统批准，《卿云歌》最终被确定为国歌，并定于1921年7月1日通行全国。

当然，把《卿云歌》定位国歌，争议纷纷，莫衷一是。“舜禹禅让”无疑成为焦点。

“……今之改革，非雍容拱揖而取之也。武昌倡义，金陵奠都，虽不过偏隅半壁之形，而创造民国之始基，实由于此，岂可视同刍狗，弃若弁髦，而以禅让虚情尽掩前人之成绩，拂违全国之本情耶！”章太炎认为，清帝被逼退位，在礼仪上可视作禅让，但仅仅是“一二亡国丈夫，欲借禅让以自掩饰”而已。（《章太炎先生拟定国歌及复教育部书》，载《湖南教育杂志》1913年5月31日）

不过，“祖述尧舜”，不但为中华民国在“精神传承”上确立合法性，更是一种文化自立、自主、自觉的象征。

或许正是在这一点上，复旦校名取自《卿云歌》。

更为重要的是，校名中内蕴恢复震旦、光我中华之意。言下之意，没有震旦，无以复旦。

毁家兴学　中华曙光

“欲革命救国，必自研究近代科学始；欲研究近代科学，必自通其语言文学始。有欲通其外国语言文学，以研究近代科学，而为革命救国之准备，请归我。”

1903年2月27日，震旦学院正式举行开学典礼。这是马相伯发表演说中的一句话。他反对八股和科举制度，反对秦汉以来的“奴隶”“为人”之学，提倡“格物致知”、“自立”之学。

“今日我震旦学院，虽一小小学院。然恢张宏远，前程何限，如一芥之微，撒之育之，可以通地，我震旦其奚异哉！”

梁启超曾著文祝贺：

“吾今乃始见我祖国得一完备有条理之私立学校，吾喜欲狂。”

梁启超大喜，事出有因。

1898年，当时奉谕办理译书局事务的梁启超奏请清廷，意在北京创建翻译学堂，并拟请马相伯出任院长。马相伯提出将学堂设在上海，并让徐家汇法国耶稣会传教团参与校务，但戊戌政变使这项办学计划夭折。

办学的决定是一年之前下的，马相伯慨然捐出兄长马建勋的巨额遗产用作办学基金——家田3 000亩，现银4万元、英法租借地8处。

毁家兴学，创办震旦。

“震旦”为梵文，“中国”之谓（“秦坦”谐音）。又八卦“震”表东方，“旦”象形为太阳在地平线升起，震旦意谓中华曙光，含“东方日出，前途无量”之意。英、法文校名分别为Aurora和L'Aurore。

如东方日出，震旦成为中国最早由国人创办的几所私立大学之一。

耶稣会让出徐家汇天文台作为校舍，并聘修士任义务教师。

推动马相伯最终建校的力量是蔡元培以及蔡元培当时所任教的南洋

* 震旦学院原址（徐家汇天文台）

公学的突发事件。

每日清晨5时，蔡元培都要挤出时间从南洋公学步行来到土山湾（今蒲汇塘路一带）马相伯的住所（后改名为绿野堂、乐善堂）。毕恭毕敬，静候马相伯醒来并做完晨祷。然后，蔡元培跟着马相伯的口型练习拉丁文。堪比“程门立雪”。

马相伯自然对这位弟子交口称赞，但同时，希望能够把拉丁文普及到青少年中间，毕竟蔡元培当时已过而立之年。蔡元培便在南洋公学挑选黄炎培、胡敦复等优秀学生24人。于是，马相伯的住所俨然成为一所拉丁文学堂。

1902年11月5日，南洋公学。

五班上课，文科教习郭镇瀛发现教师坐席放有一只洗净的墨水瓶，断定是学生故意捉弄他，便严词追查。五班学生均告不知。郭就恐吓前排学生贝蝇伯、伍石卿，限他们三日内告发，否则加罪。威胁之下，五班有一学生诬告此瓶是伍正钧所放。

13日，校方应郭的要求，公告开除无辜学生伍正钧，从而引发五班学生义愤。与校长申辩亦无效，全班学生随即决定集体退学以示抗议。校长汪风藻得悉，不问情由，宣布开除五班全体学生。全校学生大哗，引起强烈公愤。几经交涉，仍无成效。校长一意孤行，并决定"以此示儆"。全校学生决定全体退学。

16日，全体学生二百余名打好行装，集体在大操场，等候校方最后答复。上午十时左右，仍不见回音。于是，全校学生以班级为序，高呼"祖国万岁"口号，秩序井然地走出南洋公学。

蔡元培也愤而辞职。

事后，经多方劝说，家长动员，少数人又返回了学校，但退出者仍有145人。

此"墨水瓶事件"被称为中国学运史上"一声霹雳"。

中国教育会负责人章炳麟当即成立了"爱国学社"，使退学学生得以继续学习。

"墨水瓶事件"促使马相伯下定办学的决心。

而随蔡元培在马相伯处学习拉丁文的24名学生，自然成为马相伯所创办的学校的首批学员。

震旦学院以"广延通儒，培养译才"为宗旨，学制两年。马相伯亲任监院（校长），主持校务，项微尘为总干事，郑子渔任会计。

所定学科，为语文、象数、格物、致知四门。学院分文学、质学（科学）两类，学制三年，各科均以外文教授。文科设有拉丁语、法语、英语、德语、意大利语、哲学、历史、地理和政治学等课程，理科设有数学、化学、生物学、地质学，以及簿记、绘图、音乐和体操等课程。

马相伯亲编《拉丁文通》、《致知浅说》等教材亲自授课。

震旦学院招生标准非常严格：一，精通古文，翻译优美精确；二，中文书本知识广博，熟悉时事，以利于选择翻译中国最需要的西文书籍；三，有良好阅读习惯，能妥善应付紧张的课堂学习和广泛的独立研读。试读一个月不合格者随时责令退学。清贫学生试读合格后免交学费，毕业后为学院半薪译书两年。

马相伯施教方针概括为：一，民主治校，学校各部事务，由学生自行管理。每学期初学生选出几位代表组成一个委员会，承担学校所有的管理工作，依循规章实行自治，以培养学生自治能力；二，提倡“学生自由研究之风”，也就是学术民主，思想自由，并采用“挈举纲领，开示门径”的启发式教学方法，每星期日上午全校学生集合辩论时事，促使学生用书本知识寻求解决中国现实问题；三，每月3次军训，给学生打下将来为实现现代中国的理想而战斗的基础；四，指导研究科学的门径，精选西欧名著作教材。

教学上，马相伯始终不顾年迈站在第一线。他亲授物理、几何、文艺等课程。

弟子陈传德回忆道：

“文法与名人格言两书，由先生亲自教授，语多启发，能使学生举一反三，并常引用我国典籍成语，以解释课中文句。其博通今古，融贯中西，迥非时流所能望其项背，而学生得其陶冶，进步神速，即驽钝如传德，习法文未足三学期，已能与法籍教授直接谈话矣。余如象数学、格物学、致知学各科，亦但开示门径，启学者自由研究之风。”

“崇尚科学，注重文艺，不谈教理”，这是在马相伯亲手拟定的院章中的醒目词条。

出身教徒世家、身为神职人员，并一生与国运共呼吸的马相伯，竟然既不允许教授上课涉及宗教，也不允许学生在校内谈说政治。岂不怪哉？

马相伯办学的愿望肇始于1886年的欧洲之行。牛津、剑桥等名校极其重视古典文化教育的做法深深影响了马相伯的办学理念。自那时起，他矢志要办一所与欧洲大学教育并驾齐驱的中国新式学校——这应当是一个学者自由做学问的机构，是“academy”而非“college”，脱离于任何宗教与政治樊笼之外，容许自由思想的地方。马相伯曾经明确提出，他做学问，办学校，无非是为“力求自主”，这后来体现在1925年复旦校歌中的“政罗教网无羁绊”一句。

两年之后，震旦名声鹊起。学生从最初的24人，增至132人。

于右任在震旦学院就读期间，对学院有极好的印象，他为其总括了四大优点：一曰尚自治，二曰导门径，三曰重演讲，四曰习兵操。这是近代中国第一所育人有方、独具特色的私立大学。

于右任眼中，马相伯是一位“笃志殚精，忘其暮齿”古道热肠的教育家。

在自传《我的青年时代》中，这位被誉为“西北奇才”、“陕西三杰”的于右任写道：

“我二十五岁以前的事，大抵如此，到上海以后，受恩最重，得益最多的，是亡师马相伯先生。”

1904年，于右任印了一部“半哭半笑楼诗集”，讥讽时政，诸如“一针不及创，一割不知痛”，“心中有商纣，目中无商民”，“愧死书生无勇甚，空言侠骨爱卢骚”，“女权滥用千秋戒，香粉不应再误人”，等等。尤其是把矛头直指慈禧太后卖国行径。三原县令德锐密报陕甘总督升允，指于为“革命党”，上奏朝廷令革去功名，严行缉拿，责令“无论行抵何处，拿获即予正法”。于右任正在河南开封应试，升允便派员追到开封，

* 马相伯与于右任于1931年9月

幸有于的同乡李雨田专差送信急驰告急，使于右任转徙武汉，沿江东下，亡命上海，时年26。

在沪，惊魂未定，举目无亲间，遇任侠好义的陕西泾阳同乡吴仲琪，又通过吴结识革命党人雷祝三。雷便把于右任来沪的情形转告马相伯。

其实，马相伯早从阅报中得知于右任流亡之事。虑及这位才华横溢的青年人的前途，深表同情，随即召于右任入震旦学院就读，免去他的学费和膳食住宿费用。他告诉于右任：

“我这是在尽国民一分子的义务，为子作东道主。”

于右任随即化名“刘学裕”，取谐音“流亡学生于”之意。边读书边替马相伯分担一些事务。

马相伯备加关切地告诫于右任：

“国祸日亟，少年人忧时感事，以文字买祸，贤者不免。然而列强并峙，人之所以国富民康，战胜攻取，而使我相形见绌者，弥不由于政教之修明，学术之精进，吾子文人积习。但以空言抒愤，于世界大势懵无所知，即使他日得行其志，亦于世何裨？”

马相伯进而指出空言革命之危害，并引导于右任认识到求知问学的救国意义：

“告以救国必先科学，而欲研究科学，深造有得，必自娴习西文入手。”

然而，正是“崇尚科学，注重文艺，不谈教理”招致天主教会的猜忌。1905年春，教会伺机调安徽法籍传教司铎南从周（Francoise Perrin）来震旦当教务长，“尽废旧章，别定规则”。他更弦易辙，强迫学生接受宗教课程，唱天主教圣歌，早晚祷告和做礼拜。而且订出严厉的校规，不许学生谈论时事，不许结社，不许看犯禁（实则进步）书籍。对学生出入校门、会客等个人生活自由，也都要加以严格限制。南从周还命令马相伯“无病而入病院”，致使“学生大哗，相率离校”，震惊沪上。

震旦学生尽管离意坚决，但还得听从马相伯的决定，誓与马相伯共进退同患难。

3月7日，在学生沈步洲的主持下，全体学生展开一场讨论大会，民主而又激烈。

沈步洲登台演说：

“现在震旦学堂，已变为教会。如昔日学科，皆英、法并重，今则专用法文。且各科亦以法文教授，厥证昭著。且吾辈所以入学院者，以马君在院。马君为华人，且热心教育，今马君无病而入病院，不啻教会逐马君而夺全校之权也。处今之时局，若使马君设法与教会争，则彼亦一教会中人，必不能直与教会争执。故今日唯有退学之一法，如诸君赞成退学，即乞签名；不愿退学者亦听。”

语毕，沈步洲取出信笺两卷，放在讲坛两端，一为签“留”，一为签“去”，听凭大家自由决定。

结果，全校132名学生中130名执意退学，并当场签名。

学生的决定，尤其是近乎百分之百的民意，倒逼马相伯迅速决断，尽管他“对学生饮泣，以为己身为教会所制，不能自由，并将学生所缴学费退还”。

同年8月，马相伯离开震旦。130名退学学生追随。

事后，马相伯对此事件作了解释：

耶稣会“当我创办震旦时，都若即若离地站在旁边，待我把学校办成，他们却又‘见猎心喜’，对于我的主张，动辄加以阻挠，而且关于招收学生的办法，我的见解，也与他们不同。他只愿意收年轻的学生，我则主张年轻和年长的，甚至三四十岁的，只要他们诚心来学，程度相当，借应一视同仁，尽量收纳”。

但不久沈步州、张轶欧、王公侠等人去了国外，只有于右任、叶仲裕始终负责此事。其实，于右任与叶仲裕原拟出国留学，但觉得复校兴学事迫在眉睫，故宁肯牺牲负笈国外之时机。

叶仲裕、沈步洲、邵力子、于右任等7人组成震旦复校干事会，推马相伯为会长，将震旦学院教具、图书、标本等悉数搬出，并将校牌摘去。

1905年9月，经过马相伯、严复和学生领袖叶景莱、于右任等人的筹措，复旦公学建立。

* 复旦大学1920年校门

教会表面上承认马是震旦创办人，捧为董事长，但不让他过问校务。

既是出于宗教的虔诚，又是出于对一手创办的学校的舐犊之情，1908年，震旦学院拟在法租界建设新校舍，向马相伯募捐，他毅然为震旦购买了卢家湾基地，吕班路（今重庆南路）土地100亩，建造新校舍（今上海第二医科大学），共捐现金40 000元，又捐英、法租界地基8处，约值现金10余万元。马相伯将全部家产都捐给了震旦。

1912年，震旦首届文、理科学生毕业，民国政府教育部请马相伯代行监考，6月30日举行毕业典礼，授予12名学生学士学位。

1928年前后，传闻中国政府将收回租界，耶稣会拟将震旦迁往安南（今越南）西贡。事为马相伯家属所闻，请于右任出面干涉，迁校之事作罢。

震旦，复旦，对马相伯来说，手心手背都是肉，难舍难分。

尽管如此，人们还是习惯把马相伯主政的震旦称为第一震旦，他离开后的震旦为第二震旦，以示区别。

鉴于南从周等人已盗用“震旦”之名登报招生，乃由于右任提议，从《卿云歌》“日月光华，旦复旦兮”中撷取“复旦”二字命名新建学校，示意不忘“震旦”之旧，更含恢复中华之意。

无论震旦还是复旦，马相伯的拳拳爱国心昭然。

史称“爱国老人”。

爱国老人　救国领袖

1931年，九一八事变，东三省沦陷。

隐修12年的马相伯以91岁高龄“破门而出”，严厉谴责日本帝国主义侵略行径，发表《为日祸告国人书》，主张“立息内争，共御外侮”。

并说：

“今后非国民公意，对内绝对不多枉费一枪弹，对外必要不许吝惜一枪弹。”

而且强调每一个国民的责任：

“今日举国为日祸志哀，余虽老迈，亦一国民，天责所在，义不容辞，抒己见以勖国人。”

他身体力行。

为了给抗战前线筹集资金，马相伯毅然写字义卖。

一个“寿”字，30元钱，写副对联50元钱。

当时，他一只脚患有疾病，不能长久站立，就由两人搀扶着，仅用一只脚支撑着颤巍巍的身子，站着写字。实在站不住了，写不动了，方才停下来，坐下，休息片刻，再接着书写。周而复始……

就这样，他义卖了10万元钱！

的确，此时，马相伯只能以这种近乎折磨与摧残自己的方式来筹措

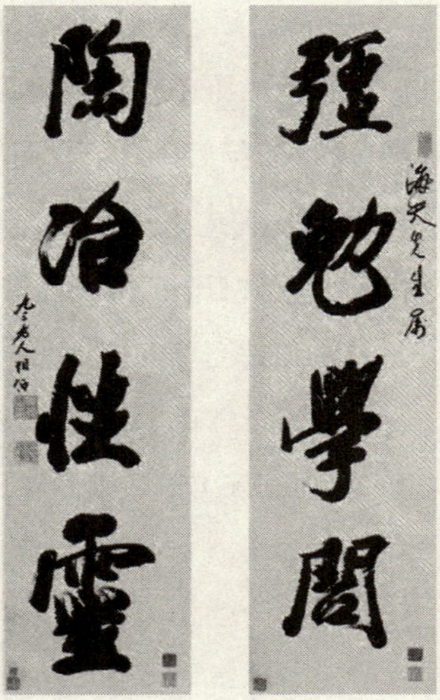

* 马相伯墨宝

资金。

他早就没钱了。

1914年，马相伯之子君远病故。鉴于马相伯毁家兴学，家无余资，于右任等学生遂筹集万元为其寡媳、幼孙作教养费。马相伯却托人将该款移作启明女子中学（今第四中学）教育经费。

据孙女马玉章回忆，小时候跟爷爷一起出去，爷爷总会很高兴地指着路边的学校告诉她，这是爷爷捐献的，那也是爷爷捐献的。

不过，马相伯对此还是心存歉疚的。

“爷爷叫我去，他说，孩子，爷爷没有给你留下一分钱，连你自己有的，爷爷也没有留给你。你恨爷爷不恨？”

回忆至此，马玉章双手掩面流泪不止。

马相伯平时对家人要求极严，在生活上尤其如此。他为救国毁家兴学，把所有家财用来创办了震旦，而自己却非常节俭。马玉章小时想问爷爷要两个毫子也不容易。

“我死之后，你快回去参加抗日，不要忘记我们中国正在苦难之中！”

这是马相伯在临终前谆谆叮嘱孙女马玉章的最后一句话。

从1932年11月起，马相伯连续4个月发表12次国难广播演说。

他以耄耋老人特有的深沉来唤醒国人，成为中国抗战的精神领袖，被誉为“呼号抗日老青年”。

马相伯长于演说：

“有德者必有言，有言者未必有德。”

早在1906年，马相伯赴日，在日本学会成立典礼上发表演说勉励留学生：

“爱国不忘读书，读书不忘爱国。”

“人必有所不为，而后可以有为……”

* 马相伯与孙女

张之洞将此语引为至言，誉他为“中国第一位演说家”。

就连演说天才孙中山也为之动容，大加赞赏。

在震旦期间，弟子黄炎培回忆马相伯的一次演讲：

“我第一次听先生演说，听者人山人海。我以青年杂人群中，大概中国对于演说，知所注重，恐怕就是这时候起的。”

1935年12月12日，上海文化界组织救国会，由于马相伯的社会地位和救国热情，被公认为救国领袖，一切通电、文件均由他领衔。先后发起组织的江苏国难会、不忍人会、中国国难救济会和全国各界救国会等全国各界爱国救亡团体，一切通电、文件也均由马相伯领衔。

他在上海土山湾的居所“绿野堂”，已成为国人抵抗意志的著名象征。在他家里召开救国会第二次执委会时，他特地写了“耻莫大于亡国，战虽死亦犹生”联语，和与会者共勉。

那一年，马相伯在一篇“杂谈”中悲愤陈言说：

“刘梦得《西塞山怀古》诗云：‘王濬楼船下益州，金陵王气黯然收，千寻铁锁沉江底，一片降幡出石头。’好一个‘一片降帆’！活画出亡国大夫争先恐后投降敌人的一幅画图！吾不知今之读此诗者作何感想！”

进而说道：

“陆剑南《估客有自蔡州来者感怅弥日》二绝之一首：‘百战元和出蔡州，如今胡马饮淮流。和亲自古无长荣，谁与朝家共此忧！’人家百战之后，才让胡马饮于淮流，才谈到和亲，我们现在并不以一矢相遗，干脆的拍拍屁股拱手相让，假使剑南而在，北风不竞，敌机已翱翔吾之天空，敌骑已纵横于吾境内，东南西北，如入无人之境，其‘感怅’又当何如！”

显然，他对蒋介石集团消极抗日愤愤然。

七七事变后，他发表《钢铁政策》广播演说，呼吁国人立即行动，誓死抗击日本侵略。

虽年近百岁，马相伯仍一次又一次发表抗日广播演说，一次又一次参与组织民主集会，不知疲倦。

“相伯先生的精神，正是我们中华民族的精神。相伯先生所以能享大年，中国所以永存于世界，都在此。”

邵力子此言说得恰如其分。

1937年11月，上海沦陷，南京危在旦夕。

应桂系统领李宗仁之邀请，马相伯于1937年11月25日移居桂林。

当时，李宗仁夫人郭德洁、广西省主席黄旭初等三十余位军政要人到离桂林城数里的北郊迎接，蔚为壮观。

在桂期间，马相伯下榻于叠彩山风洞前的景风阁里，长达一年之久。

“生有自来戚继光，死无遗憾范希文。”

在景风阁门前，他贴上自己书写的这副对联：以明朝抗倭名将戚继光和抗击西夏的北宋名臣范仲淹（字希文）自勉，表达他抗日救国的决心。

1938年4月6日，马相伯98岁寿辰。

桂林人民倾城为这位爱国老人贺寿。

蒋介石发起马相伯百年寿，尊其为中华民国的“国师”。

1938年冬，日本飞机对桂林展开狂轰滥炸，桂林危在旦夕。

于右任急忙安排马相伯赴昆明。

1938年11月，马相伯动身前往昆明。

目睹苍痍，苦涩忧虑悲愤，禁不住老泪纵横。一路劳顿，致使马相伯身染重疾，无奈，只得滞留越南谅山。

一路上，每逢车停歇宿，马相伯总要问左右：

“现在何方？”

病留谅山时，他又问左右地理方位。当他听说是谅山时，着急地说：

“快让我走，这不是我们的国土，我要回国！”

后来，身边人员只好在他一觉醒来时骗他说：

“现在我们已抵云贵交界处了。”

他才稍安。

对前来探望他的人，马相伯第一句总问：

“现在我们打到哪里了？”“这小子会打仗吗？”

“这小子”，是指蒋介石。

爱憎分明　疾恶如仇

九一八事件之后，马相伯为抗日义卖“寿”字，筹得10万元。

5年后，1936年，蒋介石50岁生日。

在众人的催促下，马相伯也写了一个“寿”字，送给蒋介石。

蒋介石喜出望外，还派了专人来上海致谢。

来人走后，马相伯对孙女哈哈大笑。

“爷爷，你为何大笑！”

孙女惊异地问道。

“这小子不懂事，我只祝他‘吉、一、时’呀，可他还那么高兴呢！”

马相伯就这么调侃蒋介石。

自此后，孙女便知道，爷爷每谈起“这小子”，指的就是蒋介石。

1936年7月，在接受记者采访时，马相伯斥责南京国民政府：

“碰到只有自己五分之一的日本的侵略，竟不敢出来抵抗，这叫做‘缩头乌龟’……人民要出头抵抗，政府还要压迫呢！”

甚至直接抨击蒋介石：

“中央就好比委员长，终身委员长，就是皇帝。委员长做了这许多年，失地也失得不少了，难道委他的人民不应该有所表示么？”

“孟子说：‘君有大过，则谏；反复之而不听，则易位。’这是一定的结果。”

马相伯这篇著名的《救国谈话》，登载在《救亡情报》上。

蒋介石极为恼火，他对于右任说：“你的先生闹得实在太凶了！”但对这样一位德高望重的爱国老人，又无从下手。于是，蒋介石便通过于右任转告马相伯说：“蒋某决心抗日，请晋京共商国是。”想通过这种方法把马相伯调离上海，到南京后就可以对他加以控制。

正当此时，1936年11月22日子夜，国民党上海当局逮捕了主张抗战的沈钧儒、邹韬奋、李公朴、沙千里、史良、章乃器和王造时七人，制造了著名的“七君子”事件。

马相伯即刻转入热火朝天的营救运动中。

他致信时任南京国民政府副委员长的冯玉祥，说“七君子”乃“血心爱国，人人钦仰”，“国家兴亡，匹夫有责，杀一不义，文武不为”，愿以首领担保七君子无罪。

同时，他会同全国各界救国联合会领导人宋庆龄、何香凝等一起亲笔签名，向全国同胞发表了《为七领袖被捕事件宣言》，“要求政府无条件恢复被捕九位（指‘七君子’和11月28日在南京被捕的孙晓村、曹孟君）先生的自由，释放一切因爱国行动而被捕的同胞”。

8月3日，被关押八个月之久的“七君子”获释。

出狱后，他们七人首先就在杜重远陪同下赶赴南京大方巷马相伯寓所致谢，并摄影留念。

相片印出之后，沈钧儒在相片的左下方亲笔题写了六个大字：“惟公马首是瞻。”

推崇民主的马相伯必定对独裁者深恶痛绝，视其为独夫民贼，袁世凯就是一个。

1882年，马相伯在高丽襄助新政。那时，年方19岁的袁世凯只是驻朝鲜清军里的一个小分统，对马相伯毕恭毕敬。

袁世凯出身低微，但官迷心窍，野心非同小可，便求计于马相伯。

* “七君子”获释后拜访马相伯

“惟厚赂宦官，由宦官而结纳亲贵，便可越级而升，官至督抚不难也。”

马相伯只是当作讥讽来说说而已，未曾料到，袁世凯竟然去践行了，且百试不爽，官运亨通。

当马相伯回国述职时，袁世凯再三缠着他，央求他在李鸿章那儿美言几句。

马相伯向李鸿章举荐袁世凯为清廷驻朝鲜的商务委员。可袁世凯上任后，任意侮辱高丽君臣，等于把高丽赶往日本的怀抱，为日后爆发的中日之战推波助澜。

当袁世凯篡夺总统宝座之后，马相伯叹息道：

“袁其人浅薄如此，我戏谑之言，奉为做人的科律，而民国竟以此人为开国总统，国事又安可问耶？百复辟，百复亡。”

袁世凯窃权后，还特意把马相伯请到京，礼聘马相伯为最高顾问并任命为宪法起草委员会委员。

临朝时，文武百官齐叩首，只有马相伯站立不拜。袁世凯没办法，只好搬张椅子给马相伯坐下。

马相伯请辞，他的住宅居然密布着袁世凯的密探。马相伯不得不化装成一个卖菜老人，打着竹篮子只身逃出了北京城。

回沪后，马相伯发表两万余言的《国民照心镜》，痛斥复辟之罪，陈说民主共和的真知灼见。

中兴人瑞　百岁青年

1939年4月6日，马相伯期颐之日。

为这位“中兴人瑞”，举国同庆。

战时陪都重庆，各界人士在银行公会举行集会庆祝，会场上悬挂着于右任的大幅贺联：

当全民族抗战之时，遥祝百龄，与将士同呼万岁；

自新教育发明以来，宏开复旦，论精神独有千秋。

于右任还率监察院同仁，致电谅山，遥祝恩师。此外，他还发表了《百岁青年马相伯》长文，称颂马相伯为“民族一元老，精神常少年”。

于右任，这位跟随孙中山的国民党元老，无论身居何等高位，对待马相伯，始终执弟子礼甚恭，常自称“受业”，尊马氏为“夫子”，甚至从心底深处道出“生我者父母，育我者先生”。他认为：

“此种少年精神，则即先生修己立人成功之源泉，足以形容其整个之人格者也。”

国民政府对马相伯颁发褒奖令。

中共中央特致贺电：

“兹值先生百龄大庆，国家之光，人类之瑞。谨率全体党员遥祝并致贺忱。”

就连罗马教皇也给他送来了圣像。

当年风靡神州的《良友》画报，却在马相伯百岁大寿那一期，破天荒地拿马相伯的照片替代封面女郎。

显然，在国难当头之时刻，这位老人俨然已成为国家的象征。

而此时，马相伯却感慨万千：

“老夫之生百年，所历者忧患之日耳，盖自老夫之入世，吾中华无日不在忧患中也。”

在给上海复旦同学会的亲笔信中，他写下：

“国无宁日，民不聊生，老朽何为，流离异域。正愧无德无功，每嫌多寿多辱！”

他以前方将士浴血抗战劳苦为念，把各方赠与的寿仪移作犒慰伤兵之用。

他无时无刻都关心着前方战局，关心着祖国存亡。

在他临终弥留之际，口中还一直含糊地吟着：

“消息！消息！”

据当时不离他左右的孙女马玉章说：

“爷爷的声音愈来愈低……消息，消息？……后来变成耳语，我就失声痛哭了。”

柳亚子诗云：“一老南天身是史。”

马相伯却对自己的一生奋斗尚未成功而抱憾，说：

“伲是只老狗，叫了一百年，也没把中国叫醒！”

百岁寿辰时，马相伯对来访的胡愈之道出内心的酸楚与悲凉。胡愈之听后，欷歔不已。

10月20日，他得知湘北大捷，兴奋异常，夜不能寐，病势加剧，

* 马相伯九十六大寿

11月4日，溘然长逝。

噩耗传出，举国哀悼。

9日，毛泽东、朱德、彭德怀代表中共中央致唁电：

“惊悉相伯先生于本月四日遽归道山，老人星暗，薄海同悲。遗憾尚多，倭寇未殄。后死有责，誓复同仇，在天之灵，庶几稍慰。特电驰唁，敬乞节哀。”

16日，于右任亲自执笔为百岁恩师作祭文，对他一生为教育救国事业作了这样的评价：

嗟师之生，忧患百年；

罗胸武库，握手空拳；

报国之心，托于造士；

笃志殚情，忘其暮齿。

11月26日，重庆各界举行追悼会，于右任敬挽：

光荣归上帝；

生死护中华。

一代宗师，一代名联。

同日，于右任又代表重庆各界宣读祭文，声声泪泪，感人至深，把马相伯的抗日爱国主张同世局相联，让人处处感受到马相伯的爱国之诚，谋国之忠，表示“收京之日，再为告文”。大有“王师北定中原日，家祭无忘告乃翁”之气概。

当日，《新华日报》发表题名为《敬悼百岁老青年马相伯先生》、《团结救国，纪念老战士》等系列纪念文章。

马相伯，生于鸦片硝烟，卒于抗日烽火。

在那个年代，能活过一个甲子尚属不易，而马相伯竟然在63岁那年掀开了他另一段人生，崭新的、尝新的、革新的、创新的，甚至自我更新的、推陈出新的……

若没有这第二人生，马相伯或许在历史长河中留不下什么足迹。

上海文广传媒集团纪实频道播出的百集文化系列片《大师》可谓鸿篇巨制。开篇即为《马相伯》，众望所归，因为只有马相伯才能担当得起一个世纪的代言人，不仅仅出于他那令人望尘莫及的长寿基因。

马相伯，历经大清五朝、民国六位总统、国民党四任主席。

在这“三千年未有之变局，三千年未有之强敌”的境遇之下，正如邵力子所讲“至少有一个人为国家努力了一百年……”

流水的王朝，铁打的马相伯。

流水的权术，铁打的爱国心。

流水的政治，铁打的教育梦。

一位老人，一个世纪，一片爱国情怀，一种教育梦想。

第二章

魂归日月光华之海上约园

举人出身，民国掌柜，淞沪长官，却因为一场五卅惨案，引众华人师生出走圣约翰大学，于是，在日月光华旦复旦兮之间，复旦大学与光华大学在海上相互辉映，最后大吼『复兴中华！复兴光华！』而魂归约园……

“大学校长分文科出身和理科出身两类。文科出身的人轻易做不到这位子，做到了也不以为荣，准是干政治碰壁下野，仕而不优则学，借诗书之泽、弦诵之声来休养身心。理科出身的人呢，就全然不同了。中国是世界上最提倡科学的国家，没有旁的国家肯这样给科学家大官做的。外国科学进步，中国科学家进爵。在外国，研究人情的学问始终跟研究物理的学问分歧；而在中国，只要你知道水电、土木、机械、动植物等等，你就可以行政治人——这是‘自然齐一律’最大的胜利。理科出身的人当个把校长，不过是政治生涯的开始；从前大学之道在治国平天下，现在治国平天下在大学之道，并且是条坦道大道。对于第一类，大学是张休息的摇椅；对于第二类，它是个培养的摇篮——只要他小心别摇摆得睡熟了。”

钱钟书在《围城》里对三闾大学校长高松年的一段揶揄。

《围城》是部小说，虚构之物。

要是《围城》真的有原型的话，非西南联大莫属，尽管与屈原沾亲带故的“三闾”往往让人联想到钱钟书从教的另一所大学。

1938年，西南联大破格聘请年方28的钱钟书为外文系教授。可他在昆明仅执教短短一个学年，便不辞而别。

于是，钱钟书与西南联大的恩怨成为现代学术史上的一桩悬案。

“西南联大的外文系根本不行；叶公超太懒，吴宓太笨，陈福田太俗。”

这是流传甚广的一段钱钟书狂妄之言。

点名的三位均为钱钟书在清华就学期间的老师。

当初，钱钟书报考清华时因数学不及格而险些落榜，最终以优异成绩毕业。这几位清华外语系教授竭力挽留，希望他能够在新近成立的研究院继续深造。

钱钟书竟语出惊人：

“整个清华没有一个教授有资格充当钱某人的导师！”

众人愕然。

因而，联大师生对《围城》颇有微词，尽管夏志清认为此书是“中国近代文学中最有趣、最用心经营的小说，可能是最伟大的一部”。

有学者考证，《围城》中诗人曹元朗的原型便是叶公超。乃至若干年后，有外国记者采访叶公超，问及他与钱钟书之间的师生关系。叶顾左右而言他。

至于《围城》里的三闾大学校长高松年是不是影射清华大学校长、西南联大校务委员会主席梅贻琦，却不可轻率断言，虽然梅贻琦是留美的机电工程硕士，似乎可对号入座。

钱钟书当年给梅贻琦的信中写道：

“老父多病，远游不能归，思子之心形于楮墨，遂毅然入湘，以便明年侍奉返沪。”但出于各种原因，“岂料人事推排，竟成为德不卒之小人哉”。

杨绛晚年也撰文说，钱钟书不忍拂逆父亲钱基博意愿，随父赴湖南蓝田国立师范学院投奔廖世承，从上海出发，整整跋涉了三十四天，可谓“道路阻艰，行李繁重，万苦千辛”。

无论杨绛再怎样为丈夫抚平这场风波，钱钟书孤高、耿介甚或狂狷与刻薄，世人皆知，何况时年钱钟书初出茅庐、年少气盛、锋芒毕露尽在情理之中。再则，父母有时说他“痴癫不拉”、“痴舞作法”、“无着无落”。

当然，这也印证了钱钟书本人的话：

“二十岁不狂是没有前途的，三十以后还狂是没有头脑的。”

当年，父亲钱基博令钱钟书去拜访邻里章士钊，钱钟书不从。事后，钱钟书写信给钱基博早年的学生和助教吴忠匡：

“郭、章二氏（郭沫若、章士钊——笔者注）之书，几乎人手一编。吾老不好学，自安寡陋，初未以之遮眼；弟则庶几能得风气，足与多闻后生竞走趋矣。章文差能尽俗，未入流品；胡适妄言唱于前，先君妄语和于后，推重失实，流布丹青，章亦居之勿疑。”如若“当年遵先君命，今日必后悔”。

典型的钱钟书！语多不屑，连父亲一并诋毁。其在西南联大的遭际可想而知。

然而，钱钟书的恃才傲物却在一所大学和一位校长面前大为收敛——上海光华大学，张寿镛校长。

1933年9月，断然拒绝清华大学老师挽留的钱钟书南下抵沪，进入成立刚不久的光华大学。

当时，大学毕业生通常要工作两年才能评上助教，若干年后才能提升讲师，而光华大学当即破格聘钱钟书为外文系讲师，讲授西洋文学和文学批评两门课。

钱钟书何以选择当时名不见经传的光华大学？

其一，父亲钱基博在光华大学担任中国文学系主任（后兼任文学院院长）；

其二，光华大学的创建史点燃了青年钱钟书的激情；

其三，校长张寿镛的办学与治学，在钱钟书心中顿生敬畏。

六三事件　放歌卿云

1925年5月15日，日本纱厂职工顾正红被枪杀，工人遂罢工。

当月30日，南京路。

沪上各界上街声援日本纱厂罢工，高呼打倒帝国主义，收回租界。公共租界的英国巡捕竟然大开杀戒，酿成震惊全国的五卅惨案。于是，全国掀起大规模的爱国反帝怒潮，从上海扩大到全国各地近五百个城镇，工人罢工、学生罢课、商人罢市。

聂光墀，一位圣约翰大学肄业生，目击惨案真相。

血洗南京路当日黄昏，聂光墀奔至圣约翰大学传递讯息，尚未言毕，美籍校长卜舫济 (Francis Lister Hawks Pott) 将其逐出，并厉声呵斥：

“你无权在此发言。”

顿时，全校哗然，群情激愤。

当晚，学生们自发集会并商议，决定次日清晨去思颜堂集会，并召集美国圣公会 (Episcopal Church in the United States of America) 下属其他学校的中国学生。在教会学校，按惯例，每天清晨，学生必须去学校教堂做祷告。

卜舫济大为不悦。

6月1日上午，钱基博，圣约翰大学这位人气最旺的中国教授，在课上发难：

“我们虽同在洋人学校教书和学习，但不能眼看同胞惨遭洋人毒手而无动于衷。……我们今天尚能在此安心上课，忘却国耻乎？！”

学生们于是决定改组原有的学生自治会，成立大、中学生会，与兄弟院校行动一致，全市罢课，并上书教授委员会和校方，请求援助。

是日中午，圣约翰大学国文部主任孟宪承召集钱基博、伍叔傥、何仲英、蔡观明、洪北平、顾荩丞、林轶西、张振镛、蒋湘青、吴邦伟、薛迪靖、于星海、朱荫璋、金秋涛、周子彦、陶士玮等17位在职中国籍教师商讨。孟宪承慷慨陈词：

“假如使一般学生，只知道为约翰学生，而不知道是中华国民，看同胞为外人屠杀，漠不关心，这对于我们平日所讲的国民自觉教育将无法自圆其说，今后我们也无颜面再以学问文章与学生相见于讲台。”

* 孟宪承

全体华籍教师一致全力声援学生为爱国罢课举动。

晚间，卜舫济也召开全校教授大会。

会上，外方教授万般阻挠，强调学校置于工部局保护之下，罢课为拂逆之举等等。

钱基博怒而斥之：

“吾国人无拳无勇以就屠戮于英人，枪弹横飞，血流交衢，使此事发生在美国，在世界任何之国家，其国人裂眦嚼齿之必思得当以报；恐不廑廑奔走哀号如我国今日所为已也！……又以我国人之号哀痛者为罪焉！”

钱基博发言，曾在华盛顿大学和伦敦大学攻读教育学的孟宪承译之，乃至于“声泪俱下，至哽咽不能尽辞”。

唇枪舌剑，相持不下。

最终采取无记名投票方式，以31票对19票，允许罢课学生可以留在学校。

但卜舫济仍固守己见：

“校长有自由处分校事之权，绝不为教授会之议决所束缚。”

他于次日上午再次召开了教授学生代表联席会议，宣布放假七天。

此决定明显是干扰罢课。

众人愤愤然。

几番博弈，学生留校，以及6月3日在大学图书馆（今华东政法大学五号楼）前由附中童子军升起中国国旗，对此，卜舫济默认，同时将北洋政府五色旗交出。

当时，每值礼拜日或重大节期才升旗。两根菲律宾硬木旗杆，由校友亲属黄世美捐赠，竖于图书馆之前。

6月3日晨6时。

童子军在圣约翰校园升旗，将中美两国国旗同时升至旗杆顶，中国国旗再降半旗，向五卅烈士志哀。随后，学生在礼堂集会。

会毕，中国国旗竟然不翼而飞。

经查询，国旗被卜舫济收回。派代表向卜舫济交涉，他声称，中美两国国旗宜平等高悬，不可独将中国国旗悬半旗。代表解释道：中国国旗降半，以表中国人之哀悼与愤怒；而美国国旗不下，则念邦交，并无他意。何况校长日前已口头允诺。但卜舫济执意不准。

学生们只得向童子军部借来一面自备的中国国旗，重新升起并降至半旗。高唱国歌助威。一时掌声雷动。

卜舫济闻声现身，暴跳如雷，掷旗于地面，践踏于脚下。

学生们见国旗遭受如此凌辱，呼天抢地，怒火中烧。附中学生杨子英竟放声嚎哭：

“国旗横遭凌辱，是可忍孰不可忍！”

自知理亏，且行为过激，卜舫济遂交还国旗。毕竟这位圣约翰大学第三任校长是学人，而非政客。对圣约翰大学，卜舫济呕心沥血，居功至伟，故有“北有司徒雷登，南有卜舫济”之说。司徒雷登与卜舫济，是1926年10月国民政府颁布《私立学校规程》之后，仍留任的大学校长。而且，他

* 卜舫济

当时能够不顾圣公会对传教士与当地华人通婚的约束，与圣玛利亚女校首任校长黄素娥结为连理，堪为破冰之壮举。然而，他自始至终囿于教育远离政治的观念。此次，“两耳不闻窗外事，一心专读ABC”的校园生活被彻底打碎了。

热血沸腾的学生们举旗高呼：

“中国万岁，万岁，万万岁！”

壮烈一幕，可永载史册。

卜舫济怎能善罢甘休，再次高调搬弄他的校长权威，令全体学生即刻在礼堂听候训诫。

当校长与外国教授入场，学生们一反常态，无人起立。卜舫济脸面丧尽，恼羞成怒，当场宣布：学校自即日起放暑假，全体学生必须立即离校，学校设施全部关闭。

随即，毕业班学生谢祖绂挺身而出，倡议集体誓言永远脱离圣约翰大学，今后再也不进任何外国教会学校。圣约翰大学及附中中国学生553人纷纷附议。

下午三时，列队离校。蔚为壮烈。

此外，9名应届毕业生郑重声明，拒绝接受圣约翰大学颁发的毕业文凭。

次日，沪上各大日报刊登《圣约翰大学暨附属中学学生脱离宣言》。

全体华籍教师，共17位，亦声明辞职，即日起生效。

针对沆瀣一气的殖民列强，国人只有同仇敌忾。

这就是历史性的“六三”离校事件。

筚路蓝缕　日月光华

教师可另谋生路，但学生不可一日荒废。

离校师生旋即成立“圣约翰学生离校善后委员会”。

尽管南洋与复旦两校的学生会竭力安抚与收容这批离校生，但转校绝非易事。复旦大学以考论文为入学条件，南洋大学则担心伤及兄弟院校的感情。

与其寄人篱下，不如自立门户。

离校次日，离校师生集会，商议善后措施，共商自办学府。

其中的一位离校学生叫王华照。

其父王丰镐是上海县法华镇人，补邑庠生，后中举。入京师同文馆习外语，得以几度游历欧美。曾协助盛宣怀办理对外交涉事务。清光绪二十六年（1900年），调为驻日参赞，后改任横滨总领事。1906年回国，以道员赴浙江，总办全省警察及洋务局。期间，对列强不卑不亢，并成功收回一系列被占国土的有关权益，以及责令日商在杭州城内所设店肆迁出。

沪上，王丰镐以慷慨资助办学而闻名，所集资创办的法华义塾为境内早期新学之一。

此时，在沪养老的王丰镐专程走访张寿镛。

张寿镛时任沪海道尹（上海地区行政长官，隶属江苏省），上任不久便遇上五卅惨案，与殖民者交涉以及保释被英国巡捕逮捕的爱国学生，全落在他一个人身上。

面对张寿镛，王丰镐痛心疾首说道：

“国旗辱矣，学生逐矣，悲愤凄惨之情状，虽在道路尤为伤心，况两家子弟皆躬遭其厄者乎！”

并进言：

“收回教育权，固吾志也。”

张寿镛也是学生家长，向来主张教育救国。于是，这两位沪上社会贤达一拍即合。另一位学生家长、曾任江苏省交涉使的许秋帆附议。

在沪西法华乡大西路（今延安西路），王丰镐置有地产60余亩，本来是打算遗留给家属的。在族人的大力支持下，愿意无偿捐献，建筑校舍，创办大学，以容纳从圣约翰离校的师生员工。他表示，与其日后让自家子弟独享，不如捐出兴学，让大众子弟受益。

于是，这60余亩地产即作为校基。学生许体纲之父许秋帆捐开办费5 000元，学生张悦联之父张寿镛捐校舍建筑费3 000元。众人踊跃捐资。

“圣约翰学生离校善后委员会”遂改为“光华大学筹备委员会”。

张寿镛为会长，王丰镐为名誉会长。鉴于他俩在沪上所集聚的人脉，责成其负责各方奔走。筹委会请学生赵铁章之父、时任上海总商会会董的赵晋卿联络上海各界人士，请商务印书馆编辑兼沪江大学教授朱经农物色教育界名人以充实师资，朱经农还自告奋勇承担募捐经费的任务。

承蒙各方齐心协力，新校不久便筹备就绪并建立了校董会。王丰镐、张寿镛、黄炎培、钱新之、赵晋卿、朱经农、陆士寅、余日章、刘湛恩、殷芝龄、潘序伦、虞洽卿、吴蕴斋、朱吟江等为校董。由王丰镐任董事长。袁观澜、顾维钧等任名誉校董。

王丰镐坚持认为，自己已老朽不堪，遂公推张寿镛为校长，朱经农为教务长。

6月14日，登报通告筹委会成立。

23日，定校名为“光华大学”。

光华大学取日月光华之义。源自《尚书·大传·虞夏传》的一首《卿云歌》：“卿云烂兮，紏缦缦兮。日月光华，旦复旦兮。”时值段祺瑞政府，此歌即国歌。

以日月卿云为校旗，红白为校色；“知行合一”四字为校训（1931年张寿镛改校训为“格致诚正”）；“研究高深学术，培养专门人才，谋新中国建设”为办学宗旨。

定6月3日为学校成立纪念日（校庆日），建校诸公名曰“六三同志”。

张寿镛表示，一旦卸任沪海道尹，“即专力办光华，尚望同学本全作精神，俾俯完成。”

学校初创时，凭赵晋卿的关系，租赁法租界霞飞路（今淮海路）和杜美路（今东湖路）房屋为大学校舍，宿舍则分为四处。同时，在枫林桥盖了十多间茅舍作为附属中学讲堂，还租赁新西区枫林桥房屋为附中校舍。

当年9月便正式开学。

圣约翰大学的553名离校生尽数入学，各地学生四百余人亦慕名前来报考。

在“六三”离校的学生中还有九位应届毕业生，拒不认领圣约翰大学的毕业证书，光华大学取而代之。于是，一场别开生面的“开学典礼暨毕业典礼”在光华大学举行。那九位学生成为没在光华上过一天课的“特届毕业生”。

张寿镛寄希望于光华的学子们：一、崇尚气节；二、培养博大之局量；三、维持坚苦之操守；四、有群无党；五、做事争人先，成功居人后。

学校初设文、理、工、商4科14系。1927年，工科停办。1929年，开始招收女生。同年，经教育部批准立案，文、理、商科分别改为文学院、理学院和商学院，均为4年学制。

学校实行学分制和积点制。修满8学期，共138学分和88积点，学生方能毕业，并分别授予文、理、商学士学位。

1926年1月5日，在王丰镐所赠之大西路地块的新校舍（**原中国纺织大学校址，现东华大学本部**）开工。当年9月竣工，第二学年开学便启用。

限于财力，只盖了两栋教学大楼和两栋宿舍，还有一排二三十间草棚

* 光华大学大西路校区开工典礼

作为临时教室，而简陋的餐厅也兼作礼堂。不少学生经常要站着听课。

“筚路蓝缕，疲于奔走，凛凛焉惧风之飘摇！中学的学生以茅屋为讲堂，寒天暑地，弦诵其中，师若弟宴如也。”

尽管简陋，但校门上有王丰镐题写的“光华大学”的横幅巨额，门后有座石桥，颇为壮观。

颇为体面的学校大门之后隐藏的是草创的艰难困苦。

张寿镛在《光华五周年纪念书序》一文中如此描绘了昔日创业之艰辛。

“这所大学缔造之艰，非身历其境者不知也。”

这里说的“艰”，不仅仅是物质上的匮乏，更有“六三”离校事件所体

* 光华大学校门

* 光华大学1926年校舍

现的民族自尊、自立、自主、自强之艰危。

"物质之建设难而实易,而精神之贯彻易而实难。"

建校五年后,张寿镛感言涌出。

民国掌柜　苍茫仕途

筹委会当初为何推举张寿镛为首任校长?

王丰镐自认年迈,实为托辞。

首先,张寿镛是"六三"事件的相关者,其子张悦联为离校生之一;其二,光华大学创建,历数功勋,王丰镐和张寿镛最大,校长人选是非王即张;其三,张寿镛仕途一路走过来,人脉遍及沪上政界财界商界文教界;第四,张寿镛尽管是在任的沪海道尹,其心却不在官场,而是在文教事业,一旦卸任,更有利于作为私立学校的彻底自治;第五,张寿镛出身宁波(当初称为鄞县)望族,父亲张嘉禄为光绪三年(1877年)进士,先后出任山东道、云南道监察史,而他本人也是举人,满腹经纶;最后,张寿镛是个理财与集资大师。

而最后一点是最为关键的因素,正如其本人所言:

"方其经营之时,狂奔疾走,呼号相及,借甲偿乙,补屋牵萝,托钵题缘,自忘愚痴。热情者一呼便应,冷嘲者讥为多事。"

但毕竟修成正果。

张寿镛无愧于民国掌柜。

他担任过上海货物税收所长,被誉为"天下第一厘差"。此后相继出任浙江省财政司司长(后改称浙江省财政厅长),湖北省财政厅厅长,江苏省财政厅厅长、山东省财政厅厅长、北洋政府财政部秘书、总务厅厅长、库藏司厅长以及国民政府江苏省政府委员兼财政厅厅长，最后出任孙科、宋子文的副手——国民政府财政部次长。

不过，上海税务的差事上任仅三月便卸任，在湖北，与湖北督军、军阀王占元政见不一，在江苏和山东遭遇挡驾，而北京那些职务，只是走过场的一份闲职。

他的诗作透露了身在官场的心境：

锱铢积累十三载，雾散烟消一刹那。
地窄雉飞虽带箭，奋刷翎毛忘坎坷。
信知君子法天运，洗净甲兵造山河。
长歌激越听者喜，曰吾流辈感蹉跎。

这期间，1921年，陈嘉庚独自认捐开办费100万元，常年费分12年付款共300万元，创办了厦门大学。此事极大震撼了张寿镛。他悄然把陈嘉庚这一壮举郑重地记载在私人年谱。

他最为得意的政绩是在浙江三年，与浙江都督朱介人精诚合作。当时，连国税在内，浙江省的年税入只有一千六百万元。辛亥革命时发了两百万元军用票，尚且有百万元外债，财政窘迫。在张寿镛任上，税收年均提高两千二三百万元。除上缴国税，收回军用票，清偿外债外，离任时还库余八十万元。

进入国民政府，正值北伐战争，国民革命军财源枯竭。国民政府曾发行公债一千万元，但认购者寥寥。国民政府第二任财政部长孙科携带《新债计划》赴上海筹款，遭遇以江浙财团为主的金融界一致谢绝。无可奈何之下，两天以后，财政部修订组织法，增设次长一人，由孙科慕名邀请与国民党无甚渊源的张寿镛出任其职，蒋介石还特意召见了张寿镛。其目的无非是利用张寿镛与江、浙财团，尤其是上海金融界巨子如李馥荪、钱新之、陈光甫、胡笔江等的交情。

毋庸置疑，张寿镛为国民政府财政解决过燃眉之急，也跟蒋介石是宁波同乡，尽管与国民党无甚渊源，也算是国民政府的要员，然而，一件事却让张寿镛对蒋介石集团的党同伐异耿耿于怀。

1929—1930年间，张寿镛的两个儿子同时遭遇绑票。

他首先想到了蒋介石，因为蒋介石与上海黑社会头目黄金荣、杜月笙的关系非同寻常，于是，他央求宋子文去向蒋介石说情。不料，蒋介石竟丢给宋子文这么一句话：

“赎票与绑票同罪！”

张寿镛闻之绝然，只得私下东拼西凑，以巨款把两个儿子赎了出来。

正因为张寿镛与国民党无甚渊源，只是蒋介石集团临时招聘来的高级打工仔，蒋介石无需为他两肋插刀。

遍尝官场辛酸，体味仕途甘苦。1931年，张寿镛终于长揖辞官。

他在诗中写道：

在昔汉廷疏，长楫储君去。
此去非鸣高，欲遂读书趣。
聊反重由言，业岂籍官举。
社稷与人民，典坟乃师傅。
深愧漆雕开，未信登仕路。
茫茫三十年，不堪回首顾。
已巳离润州，辛未辞政务。
一身便觉轻，朝朝对缃素。

罢官，为的是泄愤。

当然，无论是北洋政府还是国民政府，财政理念均有悖于张寿镛。张寿镛主张“藏富于民”，如他所言，“财政则视国民之负担力，欲负担之充裕，则在国民富足”。

既然以金钱来衡量的财富无以藏于民间，不如以知识取而代之，而最佳途径便是教育，即以教育来保存并创造财富。

只有辞官，张寿镛方可心无旁骛地治学与办学，何况，1929年7月26日，国民政府颁布了《大学组织法》，第九条明确规定：“大学设校长一人，综理校务。国立大学校长由国民政府任命之；省立市立大学校长，由省市政府分别呈请国民政府任命之。除国民政府特准外，均不得兼任其他官职。”

从此，张寿镛便是职业校长。

知行合一　以教为乐

光华大学首届校董可谓阵容强大，有网罗沪上各界大佬之势。

政界。张寿镛是时任沪海道尹。1926年5月4日，淞沪商埠督办公署成立，聘为参议的九人中，就有光华校董王丰镐与黄炎培。朱经农也于1927年转任上海特别市教育局局长，1930年出任蔡元培副手——国民政府教育部代常务次长。

学界。刘湛恩、殷芝龄、潘序伦三位为留美博士，回国从教。刘湛恩1928年出任沪江大学首任华人校长，潘序伦被誉为“现代会计之父”并创办立信会计学校。

商界。虞洽卿、吴蕴斋、朱吟江是沪上巨贾。尤其是时任全国商会副会长兼上海总商会会长的虞洽卿，创办我国第一家私营银行——四明银行。而校董钱新之曾任上海银行公会会长，1927年出任国民政府财政部次长。校董赵晋卿1928年出任上海总商会执行委员会主席以及南京国民政府工商部商业司司长。

当然，还有宗教界领袖余日章，时任中华全国基督教协进会会长。

鲲鱼久蛰北溟中，今已化为鹏
去以六月羊角风，重霄一奋冲
我有前圣羲与农，肇造文明启晦蒙
我有后圣周与孔，旁流教泽施无穷
观国之光远有耀，重任在吾躬
中华民气原俊伟，奋起自为雄

平原宽广带长川，有基筮在田
风雨不动安若山，广厦列万千
科分教育冀薪传，更参文明究人天
复以商业扩其用，产才分道扬先鞭
父兄师保瘁心力，乃至美且全
光我中华万亿年，毋让他人前

这是光华大学创建时的校歌。气贯长虹，震撼山河。从校董的阵容中，便可窥见一斑。而比校董的气势更为恢弘的是师资队伍——无论是在编的还是客串的。

潘光旦、章乃器、罗隆基、徐志摩、胡适之、李石岑、王造时、张歆海、谢霖、朱公谨、吕思勉、张东荪、容启兆、蒋维乔、颜任光、金其眉、薛迪靖、沈章甫、岑德彰、张尔田、童伯章、钱钟书、韩湘眉、萧公权……

还有鲁迅、林语堂、叶圣陶、黄炎培、何炳松、曾孟朴、江问渔、王云五、邵力子、陈布雷、陈立夫、徐悲鸿、陶行知、陈诚、茅盾、陈鹤琴、孙寒水、张静江、林重远、王正廷、郭泰祺、翁照垣……

张寿镛振臂一呼，名家大师云集光华。可以说，张寿镛效法蔡元培，海纳百川，兼收并蓄。

如果说，学校似光华之日月，那么，这些被张寿镛不拘一格延请来光华的教师便是熠熠生辉的星辰。

日月光华，群星璀璨。

当然还有“六三”离校的19位圣约翰大学教师，以孟宪承、钱基博两位为首。

钱基博，钱钟书。一个在中文系，一个在外文系。

钱钟书大学刚毕业，打算投考中英庚款公费留学，前提是必须有两年的教学资历。钱钟书尽管把光华教学当作留学的热身，但对执鞭却丝毫不含糊。

* 钱基博与钱钟书

*《光华大学二十五周年纪念特刊》（封面上有赵家璧、吕思勉等签字）

学识渊博，旁征博引，口若悬河，妙语连珠。钱钟书的教学能力自然不在乃翁之下。当时的学生普遍反映，钱钟书是光华大学最有影响、最受欢迎的青年教师。

他上课只说英文。只讲书，不提问；不表扬，不批评。谈笑风生间教学相长。

他开设的英美散文课，异常火爆，来自其他科系的慕名者蜂拥而至。有次考试的作文题竟然是“什么是爱？”这在那个时代简直是有违纲常，不过，对青年学生来说，这才叫做时尚。

他的英文功底名声外扬，就被特邀为英文刊物《中国评论周报》(The Chinese Critic)的特约编辑兼撰稿人工作。

在讲授诗学和英国文学的同时，钱钟书还撰写英文作品，同时担任《光华大学半月刊》特约撰述兼编委会委员。

1933年第7期《光华大学半月刊》刊登了《上家大人论骈文流变书》，是一篇钱钟书与其父商榷学问的文章。

父子共同执教于一所学校，民国教育史上罕见，不啻为一段佳话。

而这对父子与光华大学实在有缘。

1938年冬，受国民政府教育部委托，张寿镛的得力助手、时任副校长的廖世承创办湖南蓝田国立师范学院——中国近代第一所国立师范学院，钱氏父子追随，这间接导致钱钟书与西南联大的龃龉。而且在湖南蓝田国立师范学院，父子俩分别担任两个系的系主任，延续了光华时期的那段佳话。

建校初期，师资严重不足。钱基博同时担任一到四年级的课程。

在《从钱子泉先生受学记》文中，钱基博当年学生马厚文详细地描述了上课情景：第一学年，担任基本国文课程，用姚鼐《古文辞类纂》为教本，以所著《古文辞类纂解题及读法》为参考。其教人读书，常用苏轼读书之法，每书初读一过，即作一意以求之，及再读一过，又作一意以求之。如《古文辞类纂》有三种读法，一为分体分类读，一为分代分人读，三为分学读。

在建校后不久的一次毕业典礼上，钱基博代表教师激情洋溢地说道：

诸位，须知我光华之成立，便是对教会教学的反叛，表现的一种个性之自觉。要以一代人的心理去建构中华民族精神，从中华民族古代文化中挖掘出精神源泉，从而产生一种现代化的中华民国教育，以图整个民族统一与复兴。若无此认识，就不配做一名光华学生。孟子曰："不仁不智，无礼无义，人役也。人役而耻为役，由弓人而耻为弓，矢人而耻为矢也。"再曰："由今之道，无变今之俗。虽与之天下，不能一朝居也。"要是光华的教与学"由今之道"，无以"变今之俗"，要是光华师生，不能以最大努力，自我检讨，自我反省，做到"品性的养成，忠信的认识"，则光华的成立甚无意义。谨希望毕业同学，勿忘本校成立的历史，以不体之举止言谈，自侮个性，岂非让卜济舫耻笑。

钱基博是"六三"事件的主要参与者，也是光华大学创建者之一。从圣约翰大学投奔光华大学的，不仅仅是像孟宪承、钱基博那样的爱国教师，还有大批爱国学生。

周有光就是其中一个。

这位日后成为语言学大师的光华学生认为，光华大学实际上还是按照圣约翰大学的方法来办学。这主要是指光华的教师普遍用英语来授课。但是，光华师生情同手足。这一点，圣约翰自叹弗如。

学生周有光可以径直去老师徐志摩家里。当时，徐志摩跟陆小曼居住上海，一幢房子三层楼，下面一层是英国式的，第二层是日本式的，第三层是印度式的，三层楼三种文化。周有光记忆犹新。

"那时候大学生出路很好。我们的校长张寿镛对我特别好，我读书的时候，校长室缺少一个秘书，就在本校里面招考，我考上了，业余帮校长当秘书。这样，我跟校长关系就很好，我毕业了，他就劝我：‘你不要出去了，你就在本校教书吧。’我一边就在光华大学附中教书，同时帮大学校长做一些工作。不久，就在大学里面教书。”

百岁老人周有光至今仍在回味着光华的那段美好时光。

类似周有光这样成长为大师或领袖的，在光华大学毕业生中不胜枚举：邓拓、姚依林、乔石、尉健行、荣毅仁、董寅初、沈昌焕、储安平、黄辛白、柴泽民、黄鼎臣、邵洛羊、杨小佛、谢云晖、杨纪珂、张承宗、周而复、赵家璧、张芝联、吕翼仁、张允和、穆时英、田间、徐僖……

“我们在简陋的饭厅里可以听到鲁迅、林语堂的演讲；在草棚里可以

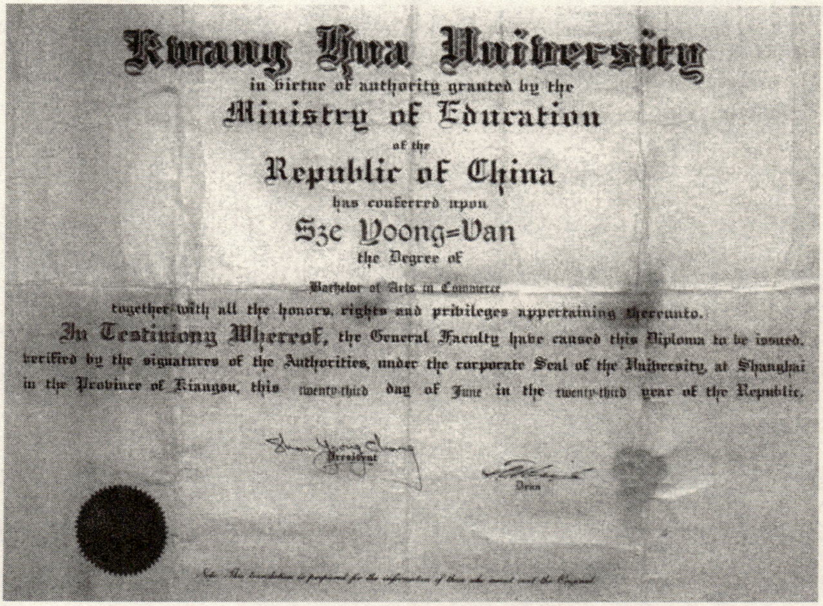
Kwang Hua University
in virtue of authority granted by the
Ministry of Education
of the
Republic of China
has conferred upon
Sze Yoong-Van
the Degree of
Bachelor of Arts in Commerce
together with all the honors, rights and privileges appertaining thereunto.
In Testimony Whereof, the General Faculty have caused this Diploma to be issued, verified by the signatures of the Authorities, under the corporate Seal of the University, at Shanghai in the Province of Kiangsu, this twenty-third day of June in the twenty-third year of the Republic.

President

Dean

Note: This translation is prepared for the information of those who cannot read the Original.

* 光华大学毕业证书

听到胡适之、钱基博、吕思勉、蒋竹庄、吴梅、胡刚复、朱公谨、颜任光、廖茂如、潘光旦、章乃器、王造时、罗隆基、薛迪靖、金井羊、杨荫溥、安绍芸、何炳松等教授的讲课；在休息室里可以看到张歆海和徐志摩在谈诗，李石岑在谈人生哲学。老师诲人不倦，学生奋发学习，蔚成良好的学风。这是光华这棵幼苗成长时期的写照。”

当年的一位校友如此回忆。

名师出高徒，这是一方面。另一方面，校长张寿镛对学生关爱有加。

当时的光华大学学生，同其他高校学生一样，也分左中右各派。中国左翼作家联盟当时在光华大学就有一个小组，组长是后来成为周扬夫人的苏灵扬。

1933年冬，白色恐怖。

12月21日深夜，上海各大学的进步学生八十多人，还有一位教授，同时以“共党嫌疑”被捕。其中有光华大学学生14人，包括诗人田间（当时叫童天鉴）、作家周而复（当时叫周德）等。张寿镛惊闻此事，即刻向时任上海特别市市长吴铁城力保，并亲自驱车向吴铁城索人。被关押的师生均得以获释。

索回的学生中就有张令杭。

当年，张令杭家境清寒。张寿镛得知，便资助其完成学业，并嘱其在课余校对《四明丛书》，使物质上的关爱在精神上获得提升。

校长的领导力不仅仅体现在对学生的爱，这种爱也洒向教师。

1930年2月10日出版的《新月》杂志，首篇题为《我们要什么样的政治制度》。该文指出：

“国民党可以抄写共产党的策略，把党放在国上，别的党又何尝不可抄国民党的策略，把党放在国上？秦始皇打下了天下，自己做皇帝。刘邦打下了天下，当然亦做皇帝。曹操、司马懿打下了天下，当然亦做皇帝。这就是‘家天下’的故事。国民党革命成功，可以说‘党在国上’，其他的党革命成功，当然亦可以说‘党在国上’。这当然成了持续不断的‘党天下’。”

作者叫罗隆基，光华大学政治系教授，同时兼任由胡适担任校长的中国公学政治经济系主任及教授。他也是《新月》的主编。

1930年11月4日下午，罗隆基在位于吴淞的中国公学的教员休息室被警方抓捕，理由是“言论反动、侮辱总理”，“国家主义的领袖”，“共产的嫌疑”。由于事发在中国公学，胡适、蔡元培等人出面营救，几个小时后便被释放。

“我进光华不久，他在兼课的吴淞中国公学下课后，忽被治安人员逮捕，经讯问后旋又释放。他返光华在大礼堂向全体同学报告经过，语极锐利，锋芒毕露。”

这是台湾历史学家沈云龙在《光华大学杂忆》一文中回忆当时的情形。

紧接着，在《新月》第3卷第3期上，这位在伦敦政治经济学院获取博士学位的罗隆基以《我的被捕的经过与反感》为题再次发文，进一步阐述“党天下”：

“照这样看来，国家没有保障人权的根本大法，固为问题，已经公布之普通法律，政府和党员，不肯遵守，又为一问题。党员指挥军警，军警执行司法，这是政府和党员不守法的证据……一言以蔽之：‘党权高于国，党员高于法’。‘党员高于法’，这是我们小民生命上最大的危险。这与法治的原则，根本相违背。”

国民政府勃然大怒，责成教育部饬令光华大学把罗隆基撤职。1931年1月13日，教育部电令光华大学：

“罗隆基言论妄谬，迭次公然诋本党，似未便任其继续任职，仰即撤换。”

面对如此高压，张寿镛于1月19日呈文国民政府：

“今旬奉部电遵照公布后，教员群起恐慌，以为学术自由从此打破，议论稍有不合，必将陷此覆辙，人人自危！”

鉴于当时存有“赦免政治犯”这条政策，张寿镛进而阐述：

“夫因政治而著于行为者尚且可以赦免；今罗隆基仅以文字发表意见，……略迹原心，意在匡救阙失。言者无罪，闻者足戒。……拟请免予撤职处分，以示包容。”

尽管事态扩大，中国公学内部也爆发学潮，闹得满城风雨，不得不还是以罗隆基离职告终，但是，张寿镛为教师据理力争，实在可歌可敬。

“得天下英才而教育之，一乐也。”

张寿镛把光华成立称为“生平第三快事”。“第一快事”，他虽未中进士，但也得了举人。“第二快事”是婚姻，夫人蔡瑛，生儿育女，操持家务，为他分担忧乐。蔡瑛为当时租界内首屈一指的中药房蔡同德堂国药店老板的女儿。蔡氏家族以在汉口经营布业发家致富，光绪八年（1882年）举家迁往上海，以纹银二十五万两打造了这家上海滩老字号。1895年农历三月初三，这对新人在新闸路新酱园弄成婚。

为纪念“生平第三快事”，他赋诗：

金榜与洞房，人生唯两喜。
宾朋聚一堂，恍如少年时。
自我涉官途，不复存此意。
翰林未可求，学台今忽值。
所期光国华，名驹千里驶。
誓将与终身，中途岂弃置。

格致诚正　志之所在

要是说，张寿镛还有第四快事的话，那么，首推养儿教子。

张寿镛育有六子十女，其中最为出众的就是儿子张芝联。

在张芝联的生命历程中，不得不提到两所学校，一所是燕京大学，另一所就是光华大学。两者相比，后者更胜一筹。倒不是因为光华大学由其父亲张寿镛创建，而是光华大学有一种让他刻骨铭心的精神。用父亲张寿镛的话来说，就是“人生于世，惟志是视，志之所在，虽千回百折而必有以达其志”。

在张芝联的自述文章《我的学术道路》中记载着这么一段往事。

在大西路的光华校园里，大学楼通向中学楼的甬道上（中间竖立着旗杆），常常可以见到一位中年教授，身材瘦高、戴金丝边眼镜、精神抖擞、手提公事包的，从中学楼走到大学楼，每天往返多次。他就是光华大学教育系主任兼附中主任（校长）、美国布朗大学博士廖世承。

1931年秋，13岁的张芝联考入光华大学附中。刚入学的新生当然不认识创办并主管附中的廖世承。

有一次，张芝联和一群同学拒绝上几何课，只是因为对任课教师不满，要求校方撤换。

此事惊动校方。廖世承于是把张芝联等相关学生叫到主任室谈话，随后把张芝联单独留下，严厉地训斥道：

“你父亲是大学校长，你怎么能跟着闹事，成何体统！”

张芝联默不作声，甚为委屈，众人闹事，为何唯独拿他来问事，而且还牵连到父亲。

廖世承竟然拿上司的子女来开刀。

从此，张芝联便对廖世承望而生畏。

* 廖世承

毕业前夕，父亲问起张芝联何去何从。

"我很想当一个中学校长，大学教授。"

张芝联脱口而出。

"那你的月薪恐怕只有二百元。"

父亲以好奇的口吻追问道。

"这不重要，我的志愿是办好一所私立中学。"

而当时张芝联的心目中的偶像恰恰是在读时让他望而生畏的廖世承，他立志要做廖世承那样的教育家。

果然，张芝联追随廖世承的足迹，投身光华。当然，建国之后工作有变动，但他把漫长的一生都奉献给了教书育人。

1947年，从西方国家游学归国的张芝联担任光华大学教授兼附中副主任（副校长），同时还兼任时任校长朱经农的英文秘书。

1948年3月，国民政府教育部致朱经农一封密件。此信恰好落入张芝联之手。

"上海光华大学朱经农校长密鉴。据有关机关报称，'该校秘书张芝联秘密领导左倾学生，酝酿成立自治会，并借授课时间分析时局，攻击本党，且煽动学生退出本党'等情，希查明，具报为要。"

* 1924年9月于浙江杭州钱塘江畔，左起依次为：徐志摩、朱经农、曹诚英、胡适、汪精卫、陶行知、马君武、（不详）、陈衡哲

张芝联大惊失色，立即去找朱经农。

朱经农阅毕密件，安慰张芝联道：

“不要紧，我去南京向部里说明，不必担心。”

要说意识形态倾向，张芝联亲共，朱经农则是国民党要员。然而，作为一名大学校长，保护本校师生是应尽职责，无以推诿。

那时，还发生了一件事。

国民党三青团学生持续对张芝联进行恐吓，刷满攻击张芝联的大字报在校园内铺天盖地。他们的意图就是把亲共的附中副主任（副校长）张芝联驱逐出校。

张芝联忍无可忍，遂向朱经农严正申明，如若不严肃处理这帮气焰嚣张的反动学生，则拒绝到校上课上班。

为此，副校长廖世承亲自带领各系学生会主席到张芝联家，竭力“挽留”、万般“敦请”。廖世承恳请张芝联“以学生学业为重，返校工作”。

廖世承深明大义，为的是在那个非常时期保存学校，否则，就是曾担任中央大学教育长（校长由蒋介石兼任）和国民政府教育部政务次长的朱经农也难以保证学校免遭厄运。

后来，这帮三青团学生又发动“改私立为国立”风潮，到南京去“请愿”，危及学校生存，朱经农和廖世承这才开除为首若干人的学籍。

1949年春，在学校被迫停课后，张芝联和张祖培总务长共同去营救一批被捕学生。廖世承把学校钤记和私章交给张芝联，以示支持与信任以及对被捕学生的深切关爱。

朱经农和廖世承，张寿镛的左臂右膀，身上折射的正是张寿镛所苦心经营的光华精神——“格致诚正”。

在临终前那一年，耄耋老人张芝联向来访的美国新泽西州罗文大学（Rowan University）历史系主任、国际史学史委员会理事王晴佳提及一件事。

某次，他到年鉴学派大师布罗代尔（Fernand Braudel）办公室拜访，顺便提及，布罗代尔可否接受中国留学生。

或许是出于友好，或许是出于对张芝联的敬重，布罗代尔不假思索，随意答道：

“可以啊。”

“每年可以收几个人？”

张芝联紧追不舍问道。

“五个吧。”

布罗代尔下意识地应答。

未料，张芝联是有备而来，马上从口袋里拿出他预先准备好的中国学生名单，交给了布罗代尔。

布罗代尔惊愕万分。

* 张芝联

张芝联对王晴佳描述这件事的时候，喜形于色，如同把玩一件得意之作，眼光里透出一种天真而又满足的神情。

由张寿镛创建的光华精神，一脉相传。

2008年春，北京大学党委常务副书记吴志攀上门拜访张芝联，中国法国史研究会会长、中国18世纪研究会会长、法兰西共和国荣誉军团骑士勋章获得者、90高龄的张芝联对光华大学的一人一物仍然如数家珍。

“光华是私立的学校，但是，学校里的教师和学生们，主要精神就是两个字：爱国。为了爱国而革命，所以光华出了很多革命家。”

面对眼前的这位北京大学主要领导，张芝联还特意叮嘱办学三要素：师资建设，学科特色，学术自由。

那天，张芝联娓娓道来，毫无倦意。

几个月之后，他便走完了人生道路。

“一位曾经当过中学校长的历史学家，一位用典雅的英语和法语介绍中华历史文化到外国去的学者，一位九十高龄还伏案为自己的父亲写传记的孝子，一位在临终前还在思考北大发展特色、发展方向的教授，一位在校园里骑着老式‘二八’自行车飘然而过的老人，就这样，静悄悄地走了。”

在给《读书》撰写的那篇《回忆与张芝联先生的一次谈话》文章中，吴志攀深情地述说。

有朱经农、廖世承那样的接班人，有张芝联这样的子女，张寿镛的教育家算是做到了极致。

光华大学校训是王阳明的“知行合一”。张寿镛于1931年把校训改为“格致诚正”，而且在此基础上，提出“贵在实行，不尚空谈”，要“说得出，做得到”。

1937年，张寿镛的另一个儿子即将从经济系毕业，对选择职业甚为渺

* 光华大学校训

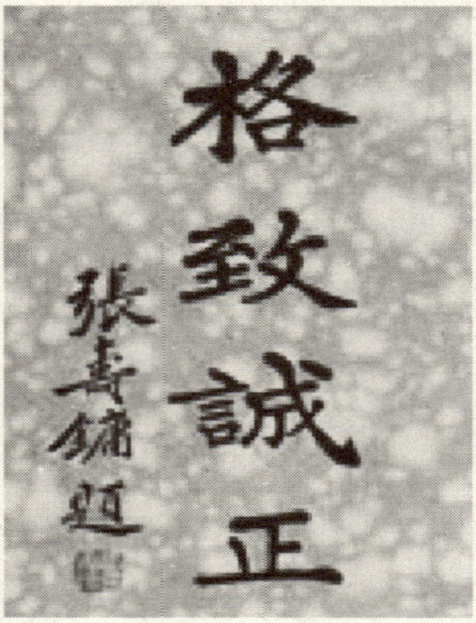

光华大学校徽 *

茫，遂向父亲征求意见。张寿镛在回信中写道：

“我是曾经沧海之人，甚不愿子弟入仕途，但汝既是学政治经济，当然在此路上走。不过要专精一些。专精谈何容易，全在学识与经验，书本上所得与经历上所得，两者必须贯串。至于经济更是立国之本。我不愿谈政治，而恰愿谈经济。中国大病是在贫字。货弃于地，而书生以不治生产鸣高，如何不穷?！汝要做官，必须以做官救一般之穷为志趣。……”

在张寿镛看来，强寇压境，只是一时的“艰难”，是“狼突豕奔”，相对较易“应变”；而如若不注意人才培养，或者培养人才上“闭门造车”，以致“车不合辙”，那么他日的艰难将更甚，以致会被人“鲸吞蚕食，其患无穷”。

张寿镛的实用主义是有原则的，那就是“国难愈甚，志气愈坚”。

这种志气全息体现在“光华铁树”（现屹立在西南财经大学明德楼前）。

1939年，谢霖，这位受张寿镛委托的筹建成都分部的全权代表，带领师生们筹资买来了一棵双株的铁树幼苗在校园内种下。这株铁树树形奇特，为“V”型，以表达对抗战胜利的渴望。同时，也以铁树特有的品质象征着光华人坚忍不拔、不屈不挠、勇于拼搏的精神。

国难愈甚　志气愈坚

光华大学有座六三堂。

六三堂是为了纪念“六三”离校事件而建立的，用意是启发国人深沉纯挚之爱国观念，以无负于离校师生之义勇。

六三堂建成时，张寿镛曾告诫全校师生：

“及其堂构即成，居息得所，明窗静几，左图右书，萃佳子弟与良师益友济济一堂，油然喜乐，有不复记忆昔之所遭者矣！”

之后，又建有大礼堂，取名丰寿堂，取自光华缔造者王丰镐与张寿镛的名字。

可是，1937年上海八一三战事爆发后，光华大学全部建筑物毁于日寇炮火，校舍成瓦砾，校园作焦土。

张寿镛痛不欲生：

> 育材国之本，三乐原不离。
> 经营十四载，不恤身为羁。
> 一旦风云翳，遂令日月亏。
> （自注：光华大学经营十四年，去岁校舍悉毁。）

痛心，但壮心未死；挥泪，但破涕为笑：

“我校为抗战而牺牲，当随抗战胜利而复兴也。”

张寿镛把大学以及附中转入公共租界，租赁汉口路华商证券交易所八楼，继续上课。虽为战时，空袭警报此起彼伏，缺课现象反而极少发生。1940年，光华大中学生合计达2 400余人，达到前所未有的高峰。

另一方面，张寿镛亲自入川，争取到四川知名人士张仲铭慷慨捐赠基地六十余亩，在成都草堂寺附近设立分校，持续为国家输送抗日救亡之栋梁。

1941年，太平洋战争爆发，日军进占公共租界。

为了避免日伪玷污光华名义，张寿镛毅然解散光华大学和附中，化整为零：文学院以“诚正文学社”名义收纳文学院师生；理学院和商学院以“格致理商学社”名义收纳理、商两学院师生；另以“壬午补习班”名义收纳光华附中的师生。此外，他在寓所开办“养正学社”，亲编讲义，讲授史

* 张寿镛

学大纲、诸子大纲等课。

在这血雨腥风山河破碎的时代，张寿镛坚守民族气节，严拒日伪威逼利诱，宁肯与光华师生卧薪尝胆共度时艰。

在1944年毕业典礼上，张寿镛婉告募集助学金之事，校友们踊跃应命。

教育救国，教育抗日。

这仅仅是张寿镛事业的一方面。

玄色中式长衫，面料上乘，做工考究。肌肤白皙，前额饱满。一丝笑意，若有若无，常常从紧抿的嘴角边滑落。

世事洞明皆学问，人情练达即文章。这是对人到中年的张寿镛最好的写照。

藏书如不读，滋味哪知长？
琳琅廿万卷，椠刻不寻常。
取之自怡悦，聊作鞭贫粮。
编目犹非易，尽读岂渠央。

这就是张寿镛另一方面，不过，不限于诗中所述的养心怡情，而是——

文以兴邦，卷帙抗日。

“张寿镛是一位（中国）南方文化传统的忠实继承者。他……编纂了《四明丛书》，对丛书中的各书分别写了序言，并作了注释。通过这些序言和注释的内容，可以看出他的主要思想和王应麟、王守仁、黄宗羲一脉相承。张寿镛的思想虽然有时和上述三人思想不一致，但在他们的思想基础上有所创新，在当地流传甚广，在反法西斯侵略斗争中是有力的武器。”

1973年，巴黎。第29届国际东方学大会。

日本宫崎大学教授山内正博会上发表的一篇题为《张寿镛的思想》的论文对张寿镛及其《四明丛书》作了如此评价。

“寿镛飘零海上，时值用兵，双鬓已皤，一卷不释。读元次山诗，曰：‘斯世虽乱，吾心不乱’。积一、二月之心力，汇五百载之文献，枪林弹雨之中，汗竹秋灯之下，勉写成篇，以报乡先哲于万一，亦他州作客，垂老信书之意乎?！”

《四明丛书》是对浙江乡贤遗典或乡邦文献的汇编，共刊刻8集，173种、1 176卷，卷帙之巨，为国内乡邦文献所罕见。刊刻时博采约收，细加甄录，慎审校勘。“先取有关乡邦利弊，足资心身学问，而坊肆无传本，或传而未广者”，并最大限度地还文献以原貌，“凡有关乡邦文献，毫芒流落，仅存一二者，吉光片羽，为之编辑补缀，以资流传”。每一种都有张寿镛所撰的序或跋，详述编辑之由、刊刻之故，以辨章学术，考镜源流。“先品其人，后平其学，审其所作，确乎可传，方为付刊”。珍本善本，大都是从北京图书馆、天一阁、文澜阁、刘氏嘉业堂等公私藏书中辗转采集而来。无论誊写、雕版、印刷，均无政府资助，全发轫于一己之心力。

在丛书序中，张寿镛引述了清代中叶历史学家邵廷采的一段话：

“文章无关世道者，可以不作；有关世道不可不作，即文采未极亦不妨作。”

比如《四明丛书》第二集，从1933年开始编纂，入选作者几乎一概为中国历代的忠义节烈之士，尤其是投身明末清初抵抗运动的浙东知识精英，如张苍水、钱肃乐、翁洲老民等人，他们的诗文，只要能够搜罗到的，尽数收入其中。

“今之所述者，一乡之士，而皆天下之士也。”

可见，编纂也具有创造性，其实质乃是从传统与历史中去挖掘抗日救亡的资源，由此印证了日本学者所评价的“在反法西斯侵略斗争中是有力的武器”。抗战愈激烈，序跋的文字也就愈激昂。

毕竟张寿镛来自“忠臣系踵，义士连闾”的浙东地区，为明末抗清就义的民族英雄张苍水（煌言）的后裔，可谓源远流长。

守望约园　文以兴邦

张芝联寓所的客厅，悬挂着他父亲张寿镛的遗墨：

河汉江淮半涉身，文章典籍延吾春。
癫狂世界天生我，艰险功夫事在人。

今后士林肩任重，宜探根本见闻真。
老翁七十无他望，坐看专家奕奕神。

此诗写于乙酉年三月二十九日七十生辰。

诗的落款是“约园”，这是张寿镛的别号。

张寿镛在《约园杂著续编 · 自序》中对此做过说明：

“回溯生平，一溺于词章，再溺于简牍，三溺于夸多斗靡，于是思幡然易辙，自号曰约园。”

约园，既是别号，也是张寿镛藏书写作之静谧一隅。

张寿镛六十岁大寿那年，晚辈为他刊行《约园杂著》八卷。在《前言》中特别提到他教育子女的这样一段话：

“一个人立身处世，不可把自己看得太重，太重则一切不肯牺牲，也不可把自己看得太轻，太轻则认为一切非我所能做到。”

而张寿镛无论办学还是治学，均鞠躬尽瘁，功垂千秋，堪称奇迹。

此外，他还做到了一件常人难以企及的事情。

1940 年1 月5日，正值国破家亡的年代。

郑振铎、张寿镛、何炳松（暨南大学校长）、张元济（商务印书馆编译所所长），张凤举（考古学家、版本鉴定家、收藏家）五人联名向重庆国民政府发电报，强烈要求国家拨款抢救民族文献。随即成立“文献保存同志会”，并表示，“自今以后，江南文献，决不任其流落他去。有好书，有值得保存之书，我们必为国家保留之。此愿蓄之已久，今日乃得实现，殊慰！”

从1940年1月至1941年12月，前后不到两年时间，郑振铎为文献收集事宜致张寿镛的信就达二百七十封之多，其中最多的一个月写有二十一封信。可见抢救的热烈程度。

此次抢救运动为国家抢救、搜罗珍本图籍三千八百余种，约一万八千余册，其中宋、元刊本三百余种，使祖国的这些文化瑰宝免遭日寇掠夺或兵燹，或流失海外。现在台湾省中央图书馆收藏的善本书，约有三分之一应归功于当年这五位大学者。

* 郑振铎为文献收集事宜致张寿镛的信函

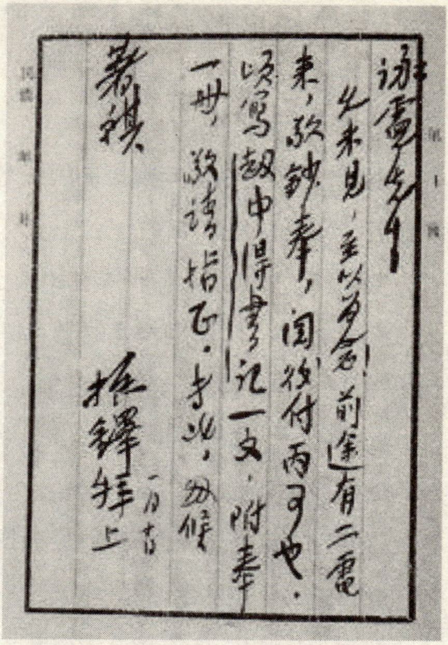
詠霓先生：久未见，至以为念！前途有二电来，欲钞奉，因故付丙可也。顷写劫中得书记一文，附奉一册，敬请指正。专此，即候

著祺

振铎拜上

要是从数量上来看，此次抢救的成果远不及张寿镛私人藏书。1920年到1939年，在近二十年时间里，张寿镛积聚了一二十万卷藏书。1937年冬，他以所藏书籍的刊刻年代为序，编就善本书目一册。

“积五十载之时光，储十六万之卷轴。”

张寿镛藏书以实用为取向，除几部元刊本之外，绝大部分是明刊本，达七百三十五部，其中，万历、嘉靖两朝的刊本近五百部。此外还有一些抄校本，计两百五十四种，其中较珍贵的是阮元手校的宋本《太平御览》一千卷。藏书中尤多宁波地方文献。

张寿镛藏书誉满学界，就连时任北京大学校长的胡适，战后途经上海，还特意向张芝联索要张寿镛收藏的《水经注》全谢山校本。

1952年，张寿镛藏书四万余册，以夫人蔡瑛的名义，全部捐献国家。

《四明丛书》全部雕版则捐赠浙江图书馆。

1945年7月8日，张寿镛七十寿诞。

贺寿者纷至沓来。

此时，经受肺病和哮喘折磨的张寿镛已言辞含糊，却神志清醒，仍坚守着自己终生的信念：

“筹百年之大计兮，信根本在树人。”

病榻上，以一位历经沧桑的老者特有的低沉，大吼：

“复兴中华！复兴光华！”

七天之后。溘然辞世。

离抗战胜利仅一个月。

张寿镛“旋蒙国民政府，明令褒扬，并将生平事迹宣付史馆，用表赞扬，而资矜式，全校师生，额首称庆”。

对于光华师生，张寿镛并未离开校园。

“余何尝有园，有约乃有园，园者囿我者也。”

张寿镛魂归实体之约园——光华大学。

“余既不欲为物所囿，而我心不能不有以囿之。”

朱经农与廖世承遂迅速重塑了光华昔日辉煌。

张寿镛可含笑九泉之下，默默地守望着这座他心目中真正的约园。

1951年，院校调整，光华大学就此消融。

大跃进时期，浮夸之风盛行。

复旦大学有学生对本校名不满，企图以上海地名来凸显本校在沪上高教的领军地位，于是，要求将“复旦大学”改名为“上海大学”的呼声群起，沸沸扬扬。

在一次全校大会上，校长陈望道迫于自下而上的压力，对更改校名作了表态。

* 光华大学校门

"'日月光华，旦复旦兮。'现在'光华'已经没有了，'复旦'还是留下的好。"

那平淡的话语下却涌动着陈望道对民族自尊、自信、自强的炽热情感。

众人哑然。

如若不是陈望道，另择其他校领导，学生未必买账。校名闹剧就此平息。

表态之际，陈望道眼前浮现1926年初的场景。

大西路，光华大学新校舍奠基典礼。

其前任、时年86岁的马相伯欣然出席，感慨万千：

“复旦为退出震旦而组织者，今日光华，亦同此情，天下事真无独有偶。”

“日月光华，旦复旦兮”！

……

第三章

一个人的中国西医教育史

圣约翰大学创办人颜永京一手打造"颜氏三杰"。嗣子了却了其从医之心愿——颜福庆成为中国医学教育开拓人、中国第一所中外合作医学院校创办者、中国第一所自主创办医学院缔造者、中华医学会首任会长颜福庆。一个人的经历竟然是一部中国西医教育史……

全国解放后不久，中国人民解放军第四野战军的138师师长任昌辉派遣专员赴韶山寻访毛泽东亲友的下落，遇上的第一个毛氏成员是毛泽连，毛泽东的堂弟，随即安排他与毛泽东的表弟李轲赴京与毛泽东团聚。

毛泽东与毛泽连（润发）有共同的曾祖父——毛祖人，而毛泽东的祖父毛恩普与毛泽连的祖父毛恩农是同胞兄弟。毛泽东叫毛泽连为九弟，毛泽连称毛泽东为三哥。毛泽东称毛泽连的母亲为慰生六婶。此外，毛泽连的胞姐毛泽建过继给毛泽东的父亲毛顺生做继女，是毛泽东的妹妹。

毛泽东与毛泽连可谓亲上加亲。

毛泽连在30年代患下眼疾，无钱医治，近乎失明。毛泽东见状，便指示有关部门派专人照顾毛泽连的生活起居，同时安排他到协和医院治疗。期间，常有毛岸英、李讷、李敏搀扶这位叔叔散步。

毛泽连与李轲此次在京前后逗留了两个月，毛泽连的视力经治疗也有所恢复，遂返乡。

回韶山后，毛泽连眼疾频频复发，其母慰生六婶年迈体虚。于是，母子俩于1951年12月和1952年春季赴长沙治病，期间致信毛泽东，希望再次赴京治病。

润发贤弟：

五月八日的来信收到。

你的眼病脚病未好，甚念。

仍以在家养治为宜，不要来京。因为湘雅医院诊治不好，北京也不见得能诊好。

此复。

毛泽东　六月二十三日

同年十月，毛泽东致信堂兄兼塾师毛宇居：

宇居兄：

李邹二位来京，收到你的信，并承家贶，甚为感谢！

毛泽连来信叫苦。母尚未葬，脚又未好，兹寄人民币三百万元（旧币——笔者注），以一百万元为六婶葬费，二百万元为泽连治病之费。

请告他不要来京，可到长沙湘雅医院诊治，如湘雅诊不好，北京也就诊不好了。

另寄二百万元给泽荣（逊五）助其家用。他有信来，我尚未复，请转告他，不另写信了。

以上均请费神转致为荷！

顺问康吉

毛泽东　一九五二年十月二日

另有眉批：

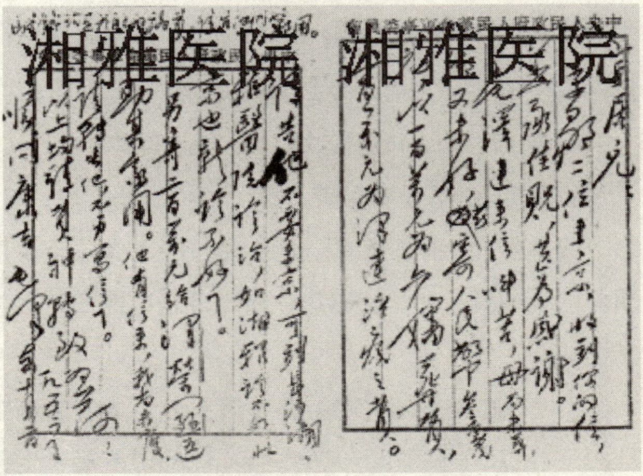

* 毛泽东致毛宇居的信函

“这些钱是我自己的稿费，请告他们节用。”

毛泽东两次信函中均提及“湘雅”，而且，在这位领袖眼中，国内无医疗机构出其右，甚至连协和医院也未必略胜一筹。

如今，走进湖南湘雅医院门诊大厅，迎面墙上镶有一幅经复制放大的书信，便是这两封信函中的一封，成为镇院之宝。

情系湘雅　领袖之缘

毛泽东对湘雅情有独钟，甚有渊源。

1922年10月24日，毛泽东与杨开慧所生长子毛岸英就在湘雅呱呱坠地。母子安危，全然维系于湘雅，可见信赖之至。

1974年，晚年的毛泽东最后一次回湖南。所遴选的保健医生李学正是湘雅医院耳鼻喉科医师。他凭借自己在湘雅医学院掌握的医疗技术，提出了整套保健方案，前后为领袖服务104天。

更近乎天意的是，承担毛泽东遗体保护具体事项的王鹏程，竟然也出自湘雅（当时叫湖南医学院）。作为毛主席遗体保护科学小组的重要成员，王鹏程在毛泽东遗体旁工作了一年零一个月。

湘雅，何以如此与这位共和国首任元首有缘？

湘雅的创办人是颜福庆。

1914年，湘雅医学专门学校在长沙成立。32岁的颜福庆任校长，胡美任教务长。这是我国第一所中外合办的高等医学学府，一所西医学校。

学校严格按照现代西方医学最新教育体制来制定学制，设有补习班、预科班和本科班：补习科一年，以补习湘籍学生英文为主；预科二年，注重化学、生物、物理三门学科；本科五年，生源来自预科，课程参照美国甲种医学院的科目，第一二年注重解剖，其余生理学、病理学、卫生学、药学、内科学、外科学、妇科及产科学，辅以大量实习，第五年的下学期，专重临诊临床实习。学校教学语言是英语，临床实习、病理报告均采用英文。当然，教学语言主要取决于教材，湘雅使用的教材全系英文原版。

办学目标就是要将湘雅医学专门学校办成“霍普金斯”式的中国现代高等医学教育机构。

1915年2月，湘雅医学会接收了雅礼医院，更名为湘雅医院（10月18日，时任湖南都督谭延闿题写院名），原雅礼护病学校并入，更名为湘雅男女护病讲习科。于是，形成了医校、医院、护校三位一体的体系。

* 1956年1月毛泽东与颜福庆在中南海怀仁堂

当时为杨开慧分娩接生的助手之一李振翩，既是毛泽东在五四、六三运动时交下的挚友，也是颜福庆在湘雅的弟子。

1956年1月14—20日，中南海怀仁堂，中共中央召开“知识分子问题会议”。

闭幕式那天，毛泽东在京接见并宴请全国知识分子代表。

宴席上，颜福庆就坐在紧靠毛泽东的右边主宾席。这是毛泽东吩咐属下有意安排的——为感激救命恩人。

酒酣时，毛泽东便急忙把头凑到身边的颜福庆，低语而深情地说道：

“三十年前，在湖南湘雅医学院时我就认识你了。”

颜福庆大惊失色，近乎语无伦次地回答：

“我一点印象也没有。”

“当时你是一个大名鼎鼎的大学校长，我还是一个无名小卒。”

经毛泽东反复提醒，颜福庆依稀能回忆当初的景象。

三十多年前的一天，瓢泼大雨。湖南长沙，湘雅医院。

一个魁梧的年轻人，手持油布伞，背着生育不久便罹患疟疾（当地人称“打摆子”）的妻子前来求医。

已蜚声海内外的湘雅医学专门学校校长、湘雅医院副院长颜福庆正在办公室。助手进来禀告，有位姓毛的青年要见“颜院长”，恳请院长通融，给予免费治疗。

颜福庆听完来由，爽快地答应了青年的请求。未收分文，治愈了毛青年妻子的病。

何曾料到，这位青年就是毛泽东，他的妻子便是杨开慧。

30多年后，毛泽东还铭记在心。

颜福庆倒并非健忘，而是类似的无偿救死扶伤的事例，在湘雅期间，已司空见惯。

席间，毛泽东还饶有兴致地提及《新湖南》一事。

《新湖南》1919年4月2日创办时叫《学生救国报》，1919年6月10日，长沙版《大公报》还为其登载了出版消息，说是湖南境内最早的周刊之一。

1919年，毛泽东正值“指点江山、激扬文字”。由其主编的《湘江评论》被湖南军阀张敬尧查封之后，湘雅医学专门学校学生会龙伯坚、张维、李振翩等革命青年诚邀毛泽东来主编该校出版的《新湖南》，请示校长颜福庆，获应允。

“在你院长室旁边的一幢房子里，门口挂了一块牌子，写着‘马列主义研究小组’。当时我经常朝这房子里走，在里面搞活动……”

毛泽东带着敬意说。

在那个民不聊生的年代，湘雅课余生活必然打上时代的烙印：热心社会服务，关心时政国运。邀毛泽东主编湘雅学生自治会创办的进步刊物《新湖南》便是明证。此外，在南北军阀混战时期，湘雅医学专门学校学生发起成立了湘雅医学校赈灾处，还在1918年5月24日长沙版《大公报》第6版发布了《湘雅医学筹赈办法》，此后，为醴陵兵灾募得的捐款，陆续经由相关部门转交灾民。校园还设妇孺救济会。

当时，各种运动风云迭起，抗议、声援乃或庆祝此起彼伏。

1918年12月28日，“一战”结束之际，为庆祝协约国战胜德意志帝国，湘雅全体学生参加了长沙各界市民的游行；1919年6月3日之后，湖南省响应京津学生的五四运动，湘雅罢课两周以示声援；是年12月6日，长沙学生抵制日货，省政府施以高压，囚禁学生，湘雅也以罢课形式进行抗议和声援。1925年6月3—4日，全校停课两天，全体学生上街声援沪上发生的五卅惨案。

毛泽东的敬意既投向颜福庆，也投向湘雅。

悬壶济世　初闯湖湘

西医在中国的传播与普及，首先是由传教士和传教机构来展开。

20世纪初，西医已在中国开埠地区获得较为普遍的认可，另一方面，传教活动也由早期的外在化、宗派化、暴力化与信仰化向本土化、世俗化、慈善化和科学化转变，医学作为合乎潮流的媒介为教会所青睐。

1901年2月10日，耶鲁大学。

“雅礼中国”（Yale in China，直译为“耶鲁中国”）应运而生，旨在继承耶鲁大学毕业生在世界各地创办教堂、学校和学院的传统。这项由三位耶鲁毕业生发起的医学传播计划，要求参与者凭着基督教精神，以“工作非教派化”方式，以医学和教育为首选媒介，到中国内地传播科学知识。

这些雅礼创始人虽尚未涉足华夏土地，却取《论语 · 述而》篇“子年雅言，诗书执礼”中两个内蕴极其丰富的“雅”与“礼”字来替代“耶鲁”，这就是“雅礼协会”。于是，“雅礼”二字既是Yale的译音，也作词义。

湖南为雅礼首选据点。

湖南地处中华腹地，可辐射全国。自古有“湖广熟，天下足”之谓。事后的发展也确证了这一抉择。据1923年2月25日的《大公报》报道：“湖南各地教会所办各项男女学校极形发达”，并认为“教会学校之发达，中国恐当推湖南为首”。

1905年夏天，受雅礼之邀，年仅29岁的美国医师爱德华 · 休姆（Edward H. Hume，后改名为胡美）携妻抱子来到长沙，于1906年11月16日在长沙西牌楼创办了“雅礼学堂”，以及雅礼医院（湖南第一所西医院）和雅礼护病学校。

胡美在印度出生，本科毕业于耶鲁大学，并获取霍普金斯大学医学院博士学位。此时，他在印度孟买开办诊所行医。正因为他非同寻常的出身与经历，来华之后，很快便入乡随俗。他在与中国人打交道时谦和有礼，常躬身自我介绍："敝姓胡，胡美。"

然而，胡美苦于孤军奋战。除他之外，医院再没有一位受过现代医学教育的医生可以与他共事。

1910年2月的某一天，柳暗花明。

"1910年，我在汉口参加两年一次的中华医学会议。我到码头去迎接颜医生。他是一位年轻的中国医生，曾在耶鲁受过训练，现在要来和我一道工作。对于我来说，他的到来，马上能够减轻我一半的负担，真像是一个奇迹。"

胡美1946年所著的回忆录《道一风同》对此作了详尽的描述。

"从拥挤在栏杆边上的乘客中认出颜医生是不困难的。一个细长的中国青年，还不到30岁，穿一件较厚的美国大衣，精神抖擞地走过跳板。他的服装、步伐和机警神态显然与众不同。别的中国男人还留着满清制度下的辮子，穿在身上防御二月寒风的是厚棉袍。当颜医生从跳板上走向沿江大道时，他好像既属于这个环境，但又与它不同。"

* "雅礼中国"的标记

如故友重逢，情投志合。

两天后闭会，颜福庆随胡美经水路抵达长沙，加盟雅礼医院。

作为耶鲁大学第一位获得医学博士的亚洲人，一个完全浸淫于近代科学文化的青年，一名从有着良好基督传统家庭走出来的炎黄子孙，颜福庆自然成为雅礼的不二人选。

1910年，颜福庆结束耶鲁生活，转道欧洲，相继考察了柏林、巴黎和维也纳的医学，之后径直回国。

此时的颜福庆踌躇满志。

“我无法用言语来表达我内心的喜悦，能为我的同胞服务，这太令人激动了。这儿的百姓对医生的需求太迫切了。”

于是，颜福庆脱下西装，穿起了长袍。凭借精湛的医术，以及同胞之间特有的亲和力，颜福庆在湖南迅速站稳了脚跟。何况，与中医相比，西医几乎是立竿见影，且诊费全免，百姓何乐而不为？

立足湖南，关键一举在于获取政府行政力量的支持。毕竟西医在当

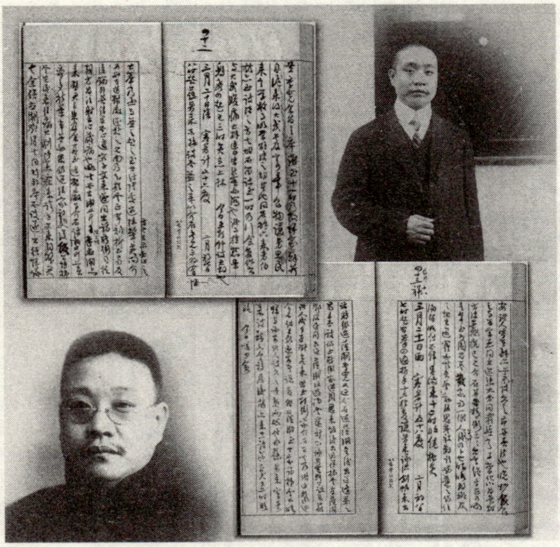

* 谭延闿以及手稿

时的中国内地还属于“淫技奇巧”，颜福庆多多少少成了半个“夷人”。曾任广西、湖南按察使的姚莹就说过：“自古名贤，皆恐世主侈情务远，骚中国而事外夷，故均拒夷事不讲。”

现代西方医学知识在中国传播的早期，医学知识本身和科学力量难以撬动，成功的机率主要依靠医生的人格魅力，尤其是通过出乎意料的神奇疗效。中国医学现代化进程充溢着这样的传奇，但传奇又往往需要时机。

时机不期而遇。

1912年，时任湖南都督谭延闿突发高烧，持久不退。多位老中医诊治，疗效不佳。遂对中医疗效产生怀疑。经朋友指点，半是狐疑半是无奈，请来了颜福庆。

颜福庆问清病史，测量体温，诊断为大叶性肺炎，随即施药，对症治疗。

翌日，高烧即退，患者逐渐康复。

多年后颜福庆回忆道，

* 雅礼校门

"大叶性肺炎，到第八天就会自动痊愈，这是医学常识，我并没用什么特效药。"

不管怎样，颜福庆的西医医术叫这位在仕途上最终攀登到国民党中央政治委员会主席、国民政府主席、第一任行政院院长之顶峰的"党国柱石"所折服。当初在湖南，作为第一长官的谭延闿以填补该省在清代200余年无会元的空白而闻名湖湘，饱读经书也难免使他在寻医问药上一直固守中医中药的传统观念。此次，由他来以身试"法"，无疑是西医在湖南的推广的最佳广告。

广告效应固然重要，不过，颜福庆此时需要的是谭延闿对他以及湘雅实打实的支持。于是，颜福庆顺水推舟，向谭延闿提出雅礼会与湖南省政府合作在长沙办所西式医学院的申请。谭延闿自然鼎力相助，毕竟他是翰林出身，兴医办学总是一件好事。

据《湘雅》杂志《湘雅之沿革》一文记载：

"1912年即民国元年，胡美医士回湘，拟购地建筑医院，并建议设立医科专校。适前督谭公延闿兴学，议设医科，乏人主持，闻雅礼之计划，特委派专员，与雅礼会订立契约，合办医校医院。"

颜福庆和胡美的蓝图是：(1) 设立一所现代化的医学校；(2) 兴办一所规模较大的医院；(3) 在医院内办一护士学校，培养护士和助产士；(4) 筹设研究病因和医学科学的实验室。

合约规定：中美双方肩负同等责任；中方负责建筑医学校和护士学校校舍，担负长年经费；美方建筑医院，负责15名教授、医师、护士的薪金，这些人员必须是国外大学毕业生，由雅礼会选派；双方在董事会有相等的代表权；合约为期10年，期满可续订。

合约送至北京立案，被批驳，理由是"地方政府与外国私人团体缔约案无先例"，电令湖南省政府取消合约。

* 1913年在北京参加湘雅谈判的胡美（中）、颜福庆（右）及官员们

颜福庆、胡美二人旋即进京，深得颜福庆堂兄、时任政府外务大臣颜惠庆等人指点，于1914年春，联络任职于北洋政府的30名湘籍行政官员和知名绅士，发起成立民间团体“湖南育群学会”。学会首任会长为当时总统府顾问章遹骏，颜福庆为副会长，聂其琨任书记。学会代表省方签约，合约才得以获批。

“我们筹划的是湖南人与雅礼会合作的事业，湖南省简称‘湘’，而雅礼会的第一字是‘雅’，我们就称这个联合团体为湘雅医学教育协会，无论谁一听，就知道它是代表湖南与雅礼。”

聂其琨当初提议。

“这个名称正表达了我们的意思，‘湘’是湖南省自然风景很美的主要河流，我们的中国朋友往往喜欢采用含有山、河和湖泊意义的名称。”

胡美附议。

湘雅医学专门学校从而诞生。时年32岁的颜福庆为医校校长，年长6岁的胡美为医院院长和医校教务长。

1914年12月8日，在省方拨给一栋坐落在潮宗门正街的巨室宅地，湘

雅医学专门学校正式举行开学典礼。

南有湘雅　北有协和

合约签订后，中美双方履行各自承诺。中方置地，美方募款。

对此，《湘雅》杂志写道：

“1917年即民国六年建造医士住屋数宅于北门外新医院侧，其建筑费概归雅礼会担任。是年冬，新医院工竣，计分五层，共有三百余间。地下室为门诊处、锅炉房、厨房、药室、储藏室等。第一层中为事务室，左为男病特别室，右为女病特别室。第二层中为割症手术室，左为男外科普通室，右为女外科普通室及产科室。第三层中为试验室，左为男内科普通室，右为女内科普通室。第四层为屋顶花园及X光线室、驻院医士寝室，最高处有瞭望台，足以登临远眺。全院用红砖水泥建筑，并设冷热自来水及汽水管。共费三十八万五千元，系美国雅礼会会员隐名氏独捐之款，而为吾国中南各省区唯一之建筑物。”

医校和医院于1919年先后迁入新址，医校医院望衡对宇，相得益彰。

直到20世纪70年代，当人们经水路逆湘江而上时，往往站在船头朝南看。金色的琉璃瓦，飞檐的砖红墙。湘雅红楼一旦映入眼帘，长沙即到。其建筑之宏伟可见一斑。

到1920年6月下旬，湘雅系统各层次的学生全部迁入新校舍。至此，融“两校一院”为一隅的校园格局全部就绪。

医学校第一班预科生于1914年冬始业，本科1916年始业，1921年毕业。

医校开办后每年招生一班。

1918年5月29日，长沙版《大公报》第4版上刊载一则招生广告：

湘雅医学专门学校预科招生

资格：中学毕业者得入预科一年级。物理、化学、生物三科确有实习之保证者得插预科二年级。在专门或大学修年一年以上并由前校出具修业证书者得插本科一年级。（考试）科目：英文、物理、化学、代数、几何。插班加试生物。学膳费：全年光洋六十元。预备费光洋十六元，分两次缴纳。

书籍、制服、实习等费自备。

毕业：预科二年。本科五年。

优待：由本校预科升入本科者，每年学膳费光洋五十元，成绩优尚者得免费；湘籍本科生，有优待免费学额十五名。

报名：即日起在潮宗街本校报名。须带文凭、相片，并缴纳证金光洋二元。取作学费，取不退还。

试期：六月九日十日。

校长颜福庆

教务长胡美

至1920年，各年级均已齐全，但学生人数寥寥。

何以寥寥？

“严”字当头。颜福庆亲自把关，层层严防，滴水不漏。

比如，新生入学时要进行资格审查。高级中学毕业证书、医学预科学位毕业证或相当于大学理科修业期满两年以上之成绩证，以及保荐书（证明品行端正者）、医士出具的无疾病史的健康证等，一一确认。此外，还须进行入学考试。

学生入校后，注重组织纪律，提倡自我管理，在学习过程中要受到一系列规章制度的约束，把“严格、严肃、严厉”的“三严”精神贯彻始终。

* 1918年的湘雅医院

就此，《湘雅》杂志上曾有过这么一段描述：

"湘雅对于学生，除功课外，一切均取放任态度，即功能一端，亦听学生自由研究，教员仅负指导之责而已，盖仿欧美教学体例也。惟考试之严，为东西各国所罕见，体力不强者，几不能立足，故学生多勤奋，学生中配眼镜者占百分之九十五，虽由幼时血生失宜所致，亦未始非用功过度之徵也。"

由于要求湘雅学生，夯实基础、精通外文，强化临床，尤其是对外语的高要求，湘籍学生望而却步。所以，学生以外省居多。但是，颜福庆组织学校的免费学额委员会，为三湘子弟设立20名免费学员名额，从而成全了湘籍贫困学生就学。

学生单科成绩以60分为及格，总平均以70分为及格。在一年中有一门主要学科不及格者，须补习复试一次，但复试以60分为度，复试不及格者不得升级。凡有二门主要学科不及格者留级一年，如第二年再不及格

* 1912年雅礼大学预科毕业证书

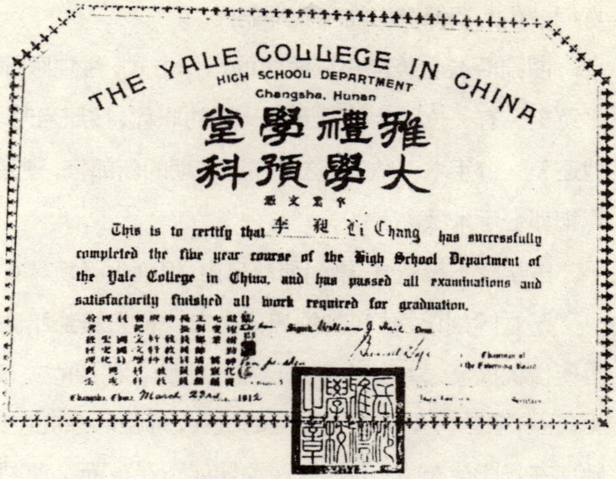

者责令退学。如有三门学科不及格者则退学。并且月有月考，学期末有学期考试。全学期总成绩，月考分数占三分之二，学期考分占三分之一。

考试一旦频繁，相应的制度必须更加健全。湘雅采取考试荣誉制度，即无教师监考，教师出题后便离开，由最后一位完成答题的学生收齐试卷送交教师。如若发现作弊，予以开除。通过这种教育，学生养成自制、自尊，以诚实为无上光荣的信念。这就叫做“Honor System” ——“光荣的诚实制度”。

严格考试制度直接导致高淘汰率。湘雅医学专门学校第三班入补习科总人数是36名，经过医预科和本科阶段的学习，陆续被淘汰的有32人，最后毕业仅剩4人，淘汰率高达88.8%。至1927年，湘雅共培养7届计49名学生，即每届平均毕业生才屈指7人。新中国成立前35年，本科毕业生总量不过351名，毕业时人数往往不及入学时人数的四分之一。

对教师，颜福庆的严格是有过之而无不及。建校初期，全校教师共18名，其中中方12人，美方6人。设主任教员7人，每班1人。颜福庆要求美方人员必须是国外大学毕业、经雅礼会选派；国内教师不合格则不聘，宁肯把一些前期课交由临床教师兼授。

湘雅沿袭着美国临床医学的运作方式，住院医师培训制度严格得近乎苛刻。有一位医生要晋升高一级的职称，按照当时规定的临床工作量，他还差一台手术。结果，这位临近婚期的新郎官，硬是在婚礼之前加班加点把那台手术做完。

医学院不设教堂，崇尚信教自由，但师生必须具有一定的职业伦理。

某堂解剖课，被解剖的尸体来自一位患腹部脂肪瘤的女病人。有学生便借机搞笑，说，这个尸体比猪还肥胖。任课的美籍女教师当即训斥学生，说死者给师生提供了学习的机会，师生的态度应该严肃恭谨。于是，她率在场学生肃立，向尸体深深鞠躬。形象而又深刻的医学伦理及人道精神，顿时注入在场的每一个人心怀。

另一次，负责一位垂危病人的某实习学生，估计病人会在当晚死亡，就事先把死亡记录填好。其上级医师兼指导教师发现后，痛斥了他一番，认为他没有尽到医德，疏忽对病人的及时而又全力的抢救。事后，这名学生险些受到延长实习期的处分。

严师出高徒。

到1926年年底，即颜福庆卸任湘雅校长之际，他的学生就以真才实学崭露头角，成果斐然，如张孝骞的“腹膜内盐水注射方法”、李振翩的“红血球蛋白的自家凝集的高深研究”等数十项成果，在当时医学界引起了轰动。

“严格、严肃、严厉”的“三严”精神不但没有窒息教育教学活力，反而使校园生活生机盎然。

湘雅已初步实现了胡美的理想：在教学和实验上尽可能接近美国约翰·霍普金斯医科大学的标准，有坚实的基础课程，合格的专任教师，完善的实验设备，充分的实习课时，良好的临床基地，并且完全用英语教学等等。

* 张孝骞与湘雅医学院第17班全体学生合影

办学不到十年，湘雅医学专门学校已发展成为中国内地最大最有实力的医学院，堪称中外医疗合作事业上的成功典范。

1921年年底至1922年年初，美国教育视察团来湘雅调查。该团认为，“湘雅为全国医学校院程度最高之一，应居北京·洛氏善捐部所办协和医校院之次。中外合办，尤为难能可贵。惟地点稍僻，财力不雄，宜联合中南各省区各教会通力合作，扩充光大。至交通不便，则宜迁地为良云。” 从此，“北协和，南湘雅”之誉传遍华夏。

值湘雅首届学生毕业之际，即1921年，湘雅毕业生均由美国雅礼会代表按照美国康涅狄格州宪章，授予医学博士学位证书，以示与美国国内医学院毕业生等量齐观。这或许是对一所学校最恰当的褒奖。

1924年7月，经中华博医学会医学程度标准委员会审查认定，湘雅医学专门学校成为全国七所注册医学院校之一。

同年，合约10年期满。美方财力难以为继，胡美曾一度考虑把湘雅并入教会联合会拟办在上海的医学院，但“雅礼中国”理事未予支持。中方当然希望尽可能支撑现存局面。几经磋商，最后达成一个折衷的续约10年方案：医校改名为湘雅医科大学，完全由中国人自办，由育群学会单独组织校董事会；医院仍由中美合办，由双方组成医院董事会。这样，医校的经济负担由“雅礼中国”转嫁于中方，但是，中国收回了教育全权。

山穷水尽之际，湘雅却完成了一次完美的转身。

颜福庆终于了却了一大心愿。

1925年初，在协和医院，孙中山把绝笔书“学成致用”赠予湘雅学子。这帧绝笔把“北协和，南湘雅”演绎到了极致。

1926年7月，北伐军攻打盘踞在湘鄂豫冀的孙传芳，以及之后的工潮和学潮，平静的湘雅校园陷入混乱。1927年1月1日，医院宣布停办，中美教授全部撤离湖南，颜福庆主政湘雅医学专门学校的时期也就此宣告终结。

可以说，颜福庆就是湘雅医学专门学校，湘雅医学专门学校便是颜福庆。乃至于抗日战争胜利后，由湖南省政府利用联合国善后救济总署的物资所重建的湘雅医学院教学楼，便理所当然地被命名为“福庆楼”。

合从连衡　仁术为民

“医院颜福庆医士，于六月十九日晚，携眷起程北上，参与全国医学大会，开会地点在北京，列席者为全国各医学校校长。开会之主旨，系谋全国医学教育之进行。按颜医士曾于去年冬间，经中华博医学会在上海开大会时，推举为该会副会长。该会为全国医学最高机关，开中华医学之先河，为活人之导线。颜医士接充斯职，其贡献于全国医学，当益多也。”（《湘雅》1925年6月第2期）

可见，湘雅的成就为颜福庆带来全国性的声誉，也由此奠定了他在国内医学教育界的领袖地位。

不过，十年之前，他便做出了丰碑式的举动，以执中国西医之牛耳。

* 中华医学会会所（池浜路41号，今慈溪路）

1914年5月，颜福庆和伍连德共同发出了组建中华医学会的倡议，以促进全国西医工作者的团结与友谊。

次年2月5日，上海南京路34号。

伍连德、颜福庆、俞凤宾等21位医师在俞凤宾诊所宣布，正式成立中华医学会（Chinese Medical Association），推选颜福庆为首任会长，伍连德为书记兼《中华医学杂志》（中英文双语）总编辑。

就在中华医学会成立四年多前，1910年年底，一场肺疫从俄罗斯传入满洲里，以哈尔滨为中心迅速蔓延，4个月内便波及5省6市，死亡4万余人，"万户萧疏鬼唱歌"，全球怵然。

此时，俄日列强正虎视眈眈地窥视东三省。清廷内忧外患，又苦于无防疫机构。在这千钧一发之际，1910年12月20日，马来西亚华裔医生、剑桥医学博士、年仅31岁的伍连德临危受命，出任全权总医官（钦差大臣），急赴东北指挥抗疫。4个月后，这场被认为是20世纪规模最大的瘟疫得以扑灭，而且在无外援的情况下。

次年4月3日，伍连德召集英、美、俄、德、法、奥、意、荷、日、印等11国共35位传染病专家，在奉天（今沈阳）召开"万国鼠疫研究会"，伍连德被推举为大会主席。他以中、英、德、法四种语言主持会议，带领与会者参观

* 1911年授衔授勋的伍连德

疫情现场，会议历时26天。各国专家的科研成果以长达500页的《1911年国际鼠疫研究会议报告》（英文）出版，成为国际流行病学之经典。国际联盟卫生组织特别授予他“鼠疫斗士”荣誉称号。

清廷大喜，旋即赐予伍连德陆军蓝顶军衔并特赏“医科进士”头衔。而且，这场鼠疫使清廷对西医另眼相看。西医医生由此正式获得官方的认可和支持，西医也逐渐取代中医一统天下的局面。

颜福庆把握了这一大好时机，推动西医在中国跨越一个台阶。

早在1910年，伍连德就在上海报刊征求同仁，倡议发起成立中国医师自己的学会。

两人不谋而合。

而鼠疫期间，颜福庆也赶往东三省抗疫，负责京汉铁路沿线的防疫工作。

两人不期而遇。

1915年4月14日，颜福庆发表《中华医学会宣言书》，宣告学会宗旨是：

“巩固医界交谊，尊重医德医权，普及医学卫生，联络华洋医界。”

中华医学会成立是中国西医医生独立与中国西医规范化的标志，从此，西医与中医成为并蒂之花，中国医生自己承担起医学科学传播的责任，唤起民众对于公共卫生和预防医学的兴趣。

中华医学会所选择的成立时间与地点并非偶然，而是借每两年一次的中华医学传教会（China Medical Missionary Association，1886年10月在沪成立）在沪举行年会的机会。

颜福庆以湘雅医学专门学校校长的身份出席了这次会议。会上，他应邀作了题为《与中国人合作医学教育一例》的报告，介绍了湖南育群学会与雅礼协会合作创办湘雅医学事业的经验：

外国人与中国人合作举办医学教育……的优点是：

1．取得中国人的赞助：合作之后，可使反对的力量变为促进力量。

2．捐弃疑虑：合作可以接近中国人，使他们对在中国教会的真实意图有确切的理解。在教育事业中，改变他们对外国侵略的恐惧，结果必然增加他们对外国的信任和合作动机的了解。

3．为了适应中国需要，在这种教育机构，中国人员的指导和他们参加实际工作是必不可少的，只有中国才能完全知道中国的观念。

4．与中国人合作，可使工作得到长期的维持。医学教育与其它的事业一样，外国人不过是奠定基础，而建成必须靠中国人自己。只有合作，才能使事业保存永久。

5．通过合作，中国人可学会管理学校的方法，而外国教育家可指导经费的正当的用途。

6．通过政府的承认，中国人认为这种事业就有了支持。（载《中国博医学会》1917年第31卷）

这种合作精神也成为颜福庆在创始之初为中华医学会定下的基调：

第一、邀请外国人来做会员；第二、寻求在日本的中国留学生做会员；第三、既定的医学会发展目标需要与中国现有的中外医疗力量协调合作来实现。

1916年3月，中华医学会联合中华医学传教会和中华基督教青年会的卫生教育机构，共同组成中华公共卫生教育联合会（1925年改名为The China Medical Association，从此称中国博医会；1932年合并，会名中文仍称中华医学会，英文名Chinese Medical Association），开展预防接种、全民公共卫生宣传与普及等工作。

1923年3月，中华公共卫生教育联合会在沪召开年会，颜福庆当选为副会长。

无论是中华医学会还是中华公共卫生教育联合会，一个关键词与颜福庆终生结缘——公共卫生。

其实，早在1909年，颜福庆耶鲁大学毕业当年，他并没有径直回国，而是绕道欧洲，赴英国利物浦热带病学院研读，获热带病学学位证书。而在南非目睹矿工同胞遭受钩虫病、矽肺的煎熬，以及赴拉丁美洲参加钩虫病防治工作的经历，还有东北三省鼠疫期间负责京汉铁路沿线的防治工作，公共卫生是颜福庆难以化解的心结。

"本校校长兼代理院长颜福庆医士，曾毕业于美国雅礼大学医科，得医学博士学位。后又留学英国利物浦大学，专攻赤道病学。回国后，以振兴中国医学药事业为己任，遂与胡美医士，创办湘雅医学。民国六年，复赴美，入哈佛大学，专攻公共卫生学。回国后，兼理安源矿山卫生事业。该处工人之患钩虫病者，昔时为百分之九十五，今减至百分之二十，颜医士之力也。前年秋，再赴美国，入纽约医学研究所，研究眼科。旋赴奥京维也纳，从世界眼科大王查福医士，研习数月，后遍游英德法比诸国，调查医学教育状况。去秋归国，除任校长外、兼任卫生及眼科教授。美国雅礼大学以其对于中国医学，厥功甚伟，乃增以文医学士学位云。”

这篇小传，刊载于1923年10月出版的《湘雅》杂志第一期，凸现了颜福庆在公共卫生领域的建树。

此后，颜福庆更是把毕生献给了公共卫生事业。

公医公学　服务人群

“颜公为吾国有名的公卫家，当接办中央大学医学院之际，即向中华文化教育基金，每年拨助巨款，组织公共卫生科，从事卫生教学及实验，所聘教授，俱系吾国的权威，与北平协和医学院互相比美于国内。”（见《国立湘雅医学院院刊》第三卷第三期）

这是一段有关颜福庆公共卫生事业思想的最早文献。

把公共卫生学列为医学院基本学科，这是颜福庆在学科建设上的前瞻性举措。

国立上海医学院建立之初，颜福庆便组建公共卫生科，亲自主持业务，先后聘请专家胡宣明、梅贻琳等权威人士任专职教授。

1928年，颜福庆在吴淞创建卫生公所，作为医学院教学实验区；与协和医学院在河北定县、与齐鲁大学在山东邹庄共建的卫生实验区，成为中国公共卫生示范重点。

1929年，颜福庆又与上海市卫生局合作，把吴淞卫生公所，改为吴淞卫生模范区，使业务范围从城市扩展到乡村。

他鼓励医科学生下乡，为当地居民开展环境卫生、疾病预防和妇幼保健等宣传，为中小学新生实施体格检查，建造新式公厕。学校明确规定，医学专业学生必须轮转公共卫生教学区一个月。

"注意乡村服务"，到公立医院"为人群服务"，被列为国立上海医学院精神建设的一个组成部分。颜福庆时刻鼓励学生，毕业后要抱牺牲精神至内地服务，为全民谋健康，以不负国家社会养士之初衷。

"我想与诸位谈谈学医的目的，学医的目的，有许多人以为能多赚钱，我想跑错路了。因为做一个真实的医生，是赚不动许多钱的；除非用不正当的方法，当然例外。"

1931年3月的某个晚上，颜福庆应邀为医学预科生演讲，题目是《现代医学教育的趋势》。当晚，一位医学预科生将自己整理的演讲记录投到《民国日报》。

对未来的医生如此，对时下的医生更是无以复加。

颜福庆坚决反对医学院的教授私人开业，而要求教授对医学教育和公共卫生宣传尽心尽责。只有极少数教授，一时有难，或开业的确有利于提高教学和医疗质量，可暂时不受这个规定的约束，但必须每日在校工作半天。

反对开业，服务人群，成为颜福庆医疗服务和医学教育的金字招牌，从湘雅一直延续到上海，并列入国立上海医学院《教员服务章程》。

当然，他首先身体力行，学为人师。

"正谊明道"，源于董仲舒"夫仁人者，正其谊不谋其利，明其道不计其功"。颜福庆1934年6月把这四个字确定为国立上海医学院校训，也一生把这四个字当作对自己的训诫。

是年，学校规定，学生毕业必须宣誓：

"余誓以至诚，本余所学，为人群服务，严守医师戒条，终身不渝，并力求深造，克尽厥职，谨此宣誓。"

哪怕是在解放后，年逾70的颜福庆还率领广大师生，辗转于长三角地区，突击诊治血吸虫病和核黄素缺乏症。

公共卫生事业，是颜福庆发自内心深处的一种专业道德感、社会责任感和历史使命感。

早在湘雅期间，颜福庆就尝试医学的公共性，尽管这种尝试过于单纯而又情感化。

1922年冬，颜福庆与胡美一起动员各自的夫人在医院设立社会服务部。

“医院之设社会服务部，为世界之新发明。美国首创此制，成效卓著。盖疾病与公共卫生状况，经济状况，及学校工厂家庭生活，俱有密切关系。平时昧于预防之术，病时不知诊治之途，病后不明调养之法，或以无力就医，任其变剧；或因误投药石，变本加厉；或以信仰不专，功亏一篑，致成残废；或竟丧生者，不知凡几。至若贫病颠连而无告者，所在皆是，此社会服务部之所由设也。贫病者予以免费，残废者教以手工，无家可归者代为谋生，入院时慰之以温言，住院时代访其家属，出院时探问其痊状，子病代慰其父母，母病则代育其婴儿，残废者则介绍于善堂，死亡者则代营其丧葬，盖其主旨，不仅在医病而在医人，一以国无废人为归，其意至良，其法至善矣。”(《湘雅》杂志1923年10月)

然而，以湘雅微薄之力毕竟杯水车薪，何以拯救广大贫寒的病人？所显现的仅为医疗资源极度贫乏之表象，而实质乃体制问题。

1935年，中华医学会会议。

在《中国将来的医学》的报告中，颜福庆提出一揽子方案——建立“公医制度”。

“……最重要的问题，在准备一合于中国特殊需用的医学实习组织。第一，此项组织，应大众化，不论贫富，村民或城居，均能平均沾益。第二，国人经济能力低微，一切医治之需均应经济化，又预防疾病较之治疗疾病，轻而易举，故预防工作应尽量扩大。第三，吾人应就目下有数之医师创办一能使人人作服务之医治组织。……在人民经济落后，及可用之医师的数目离公认标准尚远之吾国，为应全国所需起见，公医制则岂非唯一合理之解除困难方法乎？”

“公医制”无疑是惠及人人的构想。

翌年，这篇报告以《中国医学事业之前途》为题发表于《中华医学杂志》。

中央卫生署采纳并确定“公医制”为国家卫生政策：以人口为单位，建立包括一所医院、一所简单实验室和一个行政机关为单位的医疗和卫生保健服务体系。然而，随着抗日战争的爆发，“公医制”搁浅。

而之前，1927年，国际联盟卫生组织专门找到颜福庆，建议他协助国民政府筹建中央卫生部。对国际联盟卫生组织来说，全中国只有颜福庆才能承担此重任。

当时，20世纪20年代末，以实验（临床）医学为主的西方医学模式开始向公共卫生学转换。

对于颜福庆，这个转换并不新鲜，早在公元前2世纪，《内经》就有“治未病”的阐述。问题在于，如何在当时那个积贫积弱的中国实现西医的本土化。

颜福庆生来就注定要承担这一使命。

教徒世家　爱国拳拳

1882年7月28日，上海江湾，颜福庆出生于一个牧师家庭。

祖父颜清源于乾隆末年为躲避海盗从福建沿海逃难来沪。被一位中国牧师收留，从此与教会结缘。

兄弟姐妹五人中，颜福庆排行第二。父亲颜如松自小接受教会教育，赴美深造，回国后成为圣公会牧师。1888年，正值壮年的颜如松不幸死于伤寒。那年，颜福庆6岁。颜福庆过继给伯父颜永京后，颜永京见颜福庆勤奋好学，就把他先后送进上海圣约翰中学和圣约翰大学医学院。

颜永京为颜福庆择校，并非偶然。

颜永京也出生于上海，还不到十岁，就进入中国布道区首任主教文惠廉（Williams Jones Boon）在南市创办的学堂读书。6年后，即1854年，天资聪颖的颜永京被圣公会送去留学，航行70余天抵达美国。1861年毕业于俄亥俄州建阳学院（Keyens College），1862年回国。他先后从事领事馆翻译、工部局通事、牧师等职业，由传教渐渐转向办学。在武汉，受美国圣公会委托，颜永京协助韦廉臣主教（Alexander Williamson）创办了武昌文华书院（The Boone Memorial School，华中师范大学的前身）。

成为人生转折点的是1878年，颜永京回沪，协助施约瑟主教（Samuel Isaac Joseph Schereschewsky）创办圣约翰书院，担任学监，兼授数学、自然、哲学、心理学等课程。1881年，施约瑟主教因中暑而患脑溢血瘫痪，遂由颜永京主持院务，直至1886年。

* 就读期间的颜永京

圣约翰大学为纪念颜永京的功绩，将1903年用庚子赔款所建起来的男生宿舍楼命名为"思颜堂"。

颜永京浸淫于基督教文化，既是西学东渐的受益者，也是西方现代科学在中国传播的先行者。

由他翻译的海文（Joseph Haven）1857年专著《心灵哲学：智、情、意》（Mental Philosophy：Including the Intellect，Sensibilities and Will），1889年以《心灵学》为书名出版，该书是中国第一部汉译心理学著作。之前他还翻译出版了斯宾塞（Herbert Spencer）的《教育论》（On Education）第一章，取名为《肄业要览》。

《申报》于1885年11月21日较为醒目地刊出了颜永京的一则启事，申言为赈济两粤山东的灾民，他将在格致书院放映影戏，内容为其游历英、法、德、俄、美等各国时所看到的风景和民俗。虽然票价高达每张5角，但猎奇者络绎不绝。

在当时红极一时的《点石斋画报》上，著名画家吴友如将其作为新闻事件作了详尽报道。在一幅题为《影戏同观》的画上，吴友如非常逼真地为后人留下了放映盛况：

颜永京一边展示一边解说时的用语："某山也，某水也，某洲之某国，某国之某埠也……"

其实，颜永京放映的只是幻灯片而已，离公认的电影发明尚早整整10年，但它却堪称我国电影放映的滥觞。可见，颜永京善于学习西方新事物，并勇于引入中国。

由于毕生与基督教结缘，且留学美国，颜永京的英语自然了得。至于他的英语"牛"到何种程度，曾经流传这么一段轶闻。

光绪十七年（1891年），20岁的光绪一度表示学习英语之愿望，甚为强烈。翁同龢记述："闻欲通泰西字义，此何意也。"据说，清廷曾酝酿征召颜永京充任光绪的英文教师。

在《我的外祖父颜永京牧师》一文中，颜永京的外孙女曹舒丽安叙述道：

清廷命上海道出面，颜永京却以“不敢当”婉言谢绝。事后，他对家人说：

“每天教书，要我向学生跪拜磕头，我如何能做得到呢？”

不过，若干年之后，颜永京年迈体弱，从报上获悉光绪帝颇有大刀阔斧改良之决心，便扼腕叹息：

“假如光绪早下决心变法维新，我也许会去北京。可是，当时瓜分势蹙，我怎么能给一个亡国的君主做老师！”

当时，国运飘摇风雨如晦，正如李鸿章所言：“三千年未有之变局，三千年未有之强敌！”

对西方霸权主义的侵占与掠夺，中国人嫉恶如仇，排外情绪遍及社会各个阶层，亡国奴的滋味毕竟苦涩，但又限于孱弱的国力与懦弱的政府，只得忍辱负重，于是，中国人迫切需要西方现代科学和物质文明来为千疮百孔的祖国注入新鲜血液，乃至实现民族复兴。在这对矛盾体中，若能游刃有余，便为俊杰。

颜永京就是这么一位人物，他只是以传教布道为手段兴教办学，对于列强的淫威却不屈不挠不卑不亢。最让世人所称道的要数外滩公园事件。

1881年4月6日，颜永京和唐茂枝等联名致函工部局总办，对“公家花园”（今黄浦公园）不准中国人入内，表示强烈愤慨，要求租界当局改错。

1885年11月25日，颜永京联合陈泳南、吴虹玉（颜福庆舅舅）等8人上书工部局，要求拆除“一、脚踏车及犬不准入内……五、除西人用仆外，华人不准入内……”这块牌示，指出：“工部局执行的是纯粹民族歧视的政策，又要考虑自己种族的私利，又要想维持国际上的声誉与礼貌，那是不可能的，相反，我们的日本和朝鲜邻居却获得优待，有权可以进入这类公共消遣场所。……一切剥夺我们权利事件的发生，我们都表示反对。”并要求开放公园。

1886年7月下旬的一天清晨，颜永京、宋耀如（宋庆龄的父亲）、倪韫仙（宋庆龄的外祖父）、吴虹玉等6位牧师，手捧《圣经》来到外滩公园，进行和平抗议。

颜永京之拳拳爱国心足以彪炳史册。

所有这一切，颜福庆耳濡目染。颜福庆从7岁开始由颜永京抚养直到颜永京1898年去世，这10年为颜福庆的一生定下基调：一、爱国；二、敬业；三、信教；四、博爱；五、学贯中西。

从颜福庆身上可以捕捉到颜永京的影子，尤其是周旋于各股势力的才华。

当年届28岁的颜福庆走进由欧美医生组成的中华医学传教会时，几乎所有的人都以怀疑的目光打量如此年轻的中国人，似乎对他获得教会的信任并享受与他们同等的待遇充满嫉妒。而颜福庆的超人才能顿时让这些欧美医师目瞪口呆。

颜福庆能够自如地与中国病人、中国官僚和中国士绅三个不同层面的社会群体打交道；颜福庆既能做眼科和外科手术，也能代表湘雅医院参与中国政府处理1910年东三省鼠疫之类的公共卫生突发事件；他曾代表雅礼会出面去北京政府商谈中美合办医学院事宜，同时成功地借助湖南士绅的力量在中国最保守地区开办一所纯西式医学院；在德日和英美两大医学派系争霸中国政府卫生管理体系和医学教育模式之际，颜福庆却一方面表示，日本的医学模式可资借鉴，并建议中央政府仿照日本模式建立国家医学教育模式，另一方面聘请德国留学生谷境汧担任国立上海医学院教务处长，汲取德国医学中注重基础研究、严谨求实的传统。

如此游刃有余，非颜氏家族莫属。

忠良之门　颜氏三杰

其实，颜永京希望长子颜惠庆学医，但颜惠庆志不在此。颜惠庆选择的人生道路是父亲最鄙夷的——仕途，但坚守爱国与正义之底线。

颜惠庆官运亨通，从普通外交官、大使，直到北洋政府外交总长、内务总长、国务总理并摄行总统。

颜惠庆最伟大的政绩要数1919年以中国代表团顾问身份出席巴黎和会，会上，他为捍卫中国主权与西方列强据理以争，全力支持中国代表团发表《拒签宣言》，坚持不懈提出收回青岛的主张。颜惠庆既抗日又反内战。他揭示了“田中奏折”罪恶企图，唤醒、矫正、警告世界各国对日本法西斯的真正认识。1949年2月，他联手章士钊、邵力子、江庸等国民党元老北上，与中国共产党商谈和平。上海解放后，他主持上海临时救济委员会及中苏友好协会筹备等工作，并出任华东军政委员会副主席。

在中国政坛，颜惠庆叱咤风云半个世纪。

1919年与颜惠庆同赴巴黎和会的，还有小一岁的胞弟颜德庆，作为随员。

在美国获工程硕士学位的颜德庆在铁道工程领域功勋卓著，是詹天佑得力副手，被清廷授予工学博士。他的人生得意之作是协助王正廷接管胶济铁路。1922—1923年期间，颜德庆担任中国接收铁路委员长。由他主持的收回胶济铁路仪式，于1923年1月1日在青岛朝城路举行，最终使悬挂了八年的“日本山东铁路管理局”牌子摘下，“中国胶济铁路管理局”随之揭牌。

而颜永京未了之心愿，竟在嗣子颜福庆身上得以实现。

1903年，颜福庆从圣约翰大学医学院毕业，成为中国培养的第一代本土西医。

1904年，即颜福庆毕业第二年，正好遇上南非约翰内斯堡多本金矿招聘华工医师的活动，他于是邀约同学刁信德、龚美恩等应召，远赴南非，深受矿工的爱戴和尊敬。南非矿下的劳动环境极为恶劣，颜福庆亲眼目睹同胞不断遭受钩虫病、矽肺的威胁，却必须为养家糊口而继续卖命，这为他日后在医学上转向公共卫生学埋下了伏笔。一年后返回祖国。临行前，华籍矿工集体赠予他金质奖章一枚，以示感激。

1906年，颜福庆考入耶鲁大学医学院，插入二年级班。全班25名学生，他是唯一的黄种人。1909年获得医学博士学位，由此成为耶鲁大学第一位获得医学博士学位的亚洲人。

耶鲁的四年（1906—1909），颜福庆度过了一生中最清苦的日子。初到美国，仍是过不了专业医学英语的难关，而纽黑文酷冷的天气和漫长的雪季，让来自南国的他无法适应。虽有奖学金，正在华盛顿任清廷驻美公使伍廷芳助手的堂兄颜惠庆，也曾寄支票给他，但昂贵的医学专业课程学习费用还是常常使他捉襟见肘，他也自叹苦经：

“你难于向家人解释清楚为何一直要钱。”

据颜福庆弟子、公共卫生学家赖斗岩记叙，颜福庆出国留学时，行囊中带有大批我国名贵的红、绿茶叶。为弥补学费不足，他便将红绿两种茶叶混合在一起，用精美礼品盒分装，盒上用英文写上“帝国牌”商标，甚为畅销。美国人饮后，说有特别芬芳，自叹弗如。

事实上，颜福庆如同苦行僧，一路跋涉，一路化缘，这么走了一辈子，

颜惠庆 *

* 颜德庆

哪怕是功成名就之后。难怪，旁人不得不诧异地打听，他为何一直要钱。

雅清、湘清是颜福庆的两位爱女，一个做了上海实业大亨刘鸿生的儿媳，一个嫁给了孔祥熙的英文秘书。

貌似美满婚姻的背后隐藏的却是精明的交易。

借助自己在医学界的感召力和颜氏家族在政界的影响力，颜福庆将各种资源加以有效整合，从而实现其医学创新。这个创新便是上海医事事业董事会和经济委员会，成立于1933年10月，是一套独一无二的管理和监督模式，管理澄衷肺病疗养院、中山医院及董事会基金，以最大限度地支持医学事业发展。

资金主要来自洛克菲勒基金会、英国庚子赔款基金信托委员会、上海五洲大药房等财团。

颜福庆自任总干事，并特邀耶鲁校友、行政院副院长兼财政部长兼中央银行总裁孔祥熙出任董事长，叶子衡为书记，前财政部次长钱新之为会计，立法院长孙科、大实业家刘鸿生、中华全国商会联合会主席林康候为

* 耶鲁求学时期的颜福庆

常务委员，董事则集聚了政界财界商界学界医界呼风唤雨的实权人物，如中国银行董事长宋子文、卫生部部长刘瑞恒、前教育部部长朱家骅、行政院秘书长诸民谊、上海市市长兼淞沪警备司令吴铁城、上海商业储蓄银行总经理陈光甫以及上海滩大亨杜月笙。

刘鸿生和孔祥熙赫然榜上有名。

“可我的两个姑妈最后都离婚了，谁也没有再婚。”

颜福庆的长孙颜志渊至今还在哀怨。

在当年刘鸿生送给儿媳妇的那幢房子里，颜福庆却多次组织派对，为上海医学院院长兼党委书记的陈同生与上海医学院教授的沟通创造一个轻松而舒缓的环境。不少起初不理解甚至抵触共产党的老教授们，就是在这些派对上转变想法。

颜福庆就这么公私不分，以后者为代价来成全前者。

这或许是颜氏家族的秉性。

颜惠庆、颜德庆、颜福庆，并称“颜氏三杰”。

而且，三杰均生于上海，卒于上海。

病日新兮　医亦日进

寄人篱下，卑躬屈膝，为颜氏家族所不齿。

湘雅尽管是颜福庆心血凝聚之作，亦为中外合作办学之典范，可学校毕竟不是中国人自己独立创办的，免不了仰人鼻息。脱离教会，走出外国人的阴影，建立中国独立之西医事业，是颜福庆一生为之奋斗的理想。

早在创建湘雅医学院的过程中，颜福庆就形成了独立医学的思想：

“西医发达日见成效，使我国多数人得西医之真传，知博爱之感化，如吾人有独办之能力，即脱离（教会）关系，任我国人独办之。”

于是，联手乐文照、高镜朗、赵运文等医学界有识之士，离开湘雅后的颜福庆矢志创建中国人自己的医学院。

1927年，恰好南京政府筹建第四中山大学。由南京原东南大学等几所学校合并成立的第四中山大学，计划设立农、工、医、教、文、理、法、商八大学院。

组建医学院，时任北平协和医学院副院长的颜福庆无疑是最佳人选。就医学院的选址，颜福庆力挺家乡上海。

在校长张乃燕和沪上名医的力邀下，颜福庆离京赴沪创办第一所本土化的西医医学院。

是年7月，颜福庆被任命为第四中山大学医学院院长。

其实，接受聘书时，颜福庆并非匆匆离京，他必须履行与协和医学院签订的工作合同。协和给他很丰厚的待遇，且是领导层中唯一中国人。那时，协和已有100多名注册学生，250名毕业生；湘雅的毕业生已能同时获得美国医学院的博士学位，并形成医学院、临床教学医院和卫生护理学院三位一体的规模。但这与颜福庆的理想差之千里。

那一段时期，颜福庆来回奔波于京沪两地。院长职务由乐文照代理，但主要工作如经费预算、教师延聘等，均由颜福庆亲自来沪筹划。

以吴淞前国立政治大学为医学院院址（据复旦大学李天纲考证，复旦公学选址于吴淞提镇行辕，即现在泰和路99号吴淞中学，之后成为国立政治大学的校址；上海医学院与复旦大学居然起步于同一场所，这似乎是为七十多年后两校合并埋下了精彩的伏笔），以苏州前江苏医学专门学校的图书仪器标本为物质基础，第四中山大学医学院（之后，随着第四中山大学改名，医学院先后改为江苏大学医学院、中央大学医学院）九月开学。

初设解剖学、生理学、生物化学、细菌学、病理学、药理学6科。当时仅有教师8人，职员3人，一二年级学生29人，其中除改组并入的江苏医科大学预科二年级9人外，其余为上海圣约翰大学医学院、湖南湘雅医学院、北京协和医学院等校的转籍学生。学制沿袭湘雅的七年制，前两年为预科，由大学部理学院代办，以后也招收其他大学理科二年级以上学生入学；本科五年。

“医学为民族强弱之根基，人类存在之关键。”

这是颜福庆在《创设上海医科大学意见书》中写下的主张，并大声疾呼，绝不“自造庸医，遗患社会”。

1928年6月，颜福庆辞去协和医学院职务，正式到任。

“解放前有些有轨电车，好像是分几等的，他是坐在最后一等，手拿个算盘，还拿个包，还有个账本。他没穿华丽的衣服，他要省每个铜板，所以得了个雅号，叫犹太人。”

颜福庆的孙子颜志渊回忆道。

一方面锱铢必较，另一方面，利用一切人脉，多方筹集资金。

他首先说服堂兄、时任中国红十字会负责人的颜惠庆，于1928年7月，将上海红十字会医院（今华山医院）提供给医学院充任教学医院，作为学校的第一所教学医院，并兼任医院院长；再鼓动圣约翰校友、旅沪的宁波籍巨贾叶子衡捐出占地面积约80余亩的江湾叶家花园，于1933年1月，改建成上海第一所肺结核医疗院“澄衷肺病疗养院”（以叶父名字命名），作为医学院第二所教学医院，并兼任首任院长。

“病人至上。”

这是颜福庆为医院制定的院训，医学院的教学医院成为平民信赖的医院。

鉴于校舍与教学医院相距甚远，给师生造成很大不便。当初，颜福庆每天在吴淞的医学院工作半天，便急忙乘火车赶到市区红十字会总医院指导临床教学。

随着学校的发展，吴淞的校舍日益捉襟见肘。而且，在颜福庆50岁那年，即1932年，医学院从中央大学中独立出来，国立上海医学院成立。借自立门户之际，颜福庆急于借鉴美国“霍普金斯”医学教育范式，着手创建现代化医学模型——以上海医学院为中心，由中山医院、教学医院、药学院、护士学校和公共卫生学院组成的上海医事中心。

再则，1929年，颜福庆重访美国，发现“中国距离美国的最低医学标准还有很大距离”。

颜福庆最终选定华界枫林桥作为新校址。这100亩土地，1935年春，颜福庆是通过出售洛氏基金会捐赠的法租界天文台路135亩土地换置而来的。

1931年1月17日，以纪念孙中山先生的名义，颜福庆广邀社会各界名流，发起组织中山医院筹备会。孔祥熙为主任，孙科、刘瑞恒为副主任，史

* 上海医学院临时院舍的大门

量才、王晓籁、王一亭为常务委员，颜福庆为总干事。募捐启事明确指出：“创设上海中山医院……，其特点在注重卫生防病，不仅分科治疗，切重教育群众……并注重平民、俾中等以下之民众，不致向隅兴叹，而各界人士亦得适宜之疗养……”

记从创业艰难日，辛苦于今已十年。
忝立门墙高万仞，笑看桃李列三千。
树人树木风弥远，良相良医事倘全。
湘沪平生心血在，尽教华发欲盈颠。

弟子龙伯坚赋诗贺颂的是1937年4月的那一天，国立上海医学院和中山医院两座标志性的中西合璧大楼在枫林桥落成。

“我们认定做医师的人，须有牺牲个人、服务社会的精神，服务医界，不存在升官发财的心理。如在医学院或医院服务的同人，皆有此种决心，则医事事业，定有相当进步。”

在中山医院开业典礼上，颜福庆再次重申了他的信念。此番重申意义非同小可，因为同时举行的还有中华医学会第四届大会、中华麻风学会第三届大会、中国医史学会第一次中国医史文献展览会。宋霭龄揭幕剪彩，煞是轰轰烈烈。

颜福庆所说的服务，是以专业为基础，以社会为导向的。当初，他目睹我国制药对外依赖，恰好获悉教育部列有药学教育经费预算，便当机立断，积极筹划和申请在医学院内设置药学专业。1936年秋，药学专修科正式创办，聘请中法大学药学专修科主任宋梧生任药科主任。当年招生，学制四年。

至此，包括上海医学院、药学院、护士学校、公共卫生学院和中山医院等教学医院在内的上海医事中心初具规模。

早在1924年2月，在南京举行的中华医学会大会上，时任湘雅医学院院长的颜福庆就发表演讲，倡议在我国东部地区创建一流的中国医事中心。1937年，梦想成真。

而开放式、国际化的合作研究几乎成了国立上海医学院的代名词。

医学院明文规定：专职教师服务满四年后，可得到一年休假期，由学院资助推荐带薪到国内外学术机构进修或进行科学研究，从而形成教师的休假进修制度。

在教学医院，颜福庆坚持严格的住院医师制度，规定住院医师任期为三年。在三年中不准结婚，除固定假期（值班者除外），每星期有一个下午和一个晚上休息，其余均是工作时间，都得住在医院内，不得外出；自己负责的病房，晚上有事呼唤，得随时进行处理。并规定住院医师部轮流参加急诊值班三年，不得回避某种疾病。

上海医事中心是颜福庆对中国现代医学模式的具体阐释，他为上海医学院规划了一个开放而具国际化的现代医学模式，饱蘸了海派精神。

人生意义何在乎？
为人群服务；
服务价值何在乎？
为人群解除病苦。
可喜！可喜！
病日新兮，医亦日进；
可惧！可惧！

医日新兮，病亦日进。

噫——

其何以完我医家责任？！

歇浦兮汤汤，古塔兮朝阳；

院之旗兮飘扬，院之宇兮辉煌！

勖哉诸君，利何有？功何有？

其有此亚东几千万人托命之场！

至1949年解放，总共528名医务工作者，哼唱着这首由黄炎培1936年作词的校歌，从国立上海医学院走向大众，走向社会。

杏林郁葱　桃李芬芳

2003年，一场“非典”肆虐华夏大地，卫生部一位老干部不禁哀叹："汤飞凡若在，何至于此？"

年轻气盛的汤飞凡曾言：

“日本能出东方的寇霍，中国为什么不能出东方的巴斯德？”

1943年，汤飞凡从一名下属受潮的皮鞋上发现一团绿毛，最终生产出每毫升200—300单位、每瓶两万单位的标准青霉素。这是中国最早的斑疹伤寒疫苗，投放于泰缅边境抗日盟军，以抵御天花。由他领衔的中央防疫处从此名扬天下。防疫处还用自己分离的菌种研制出中国第一批5万单位一瓶的青霉素。出于惊叹，当年的《科学》杂志对汤飞凡的青霉素生产车间特别加以介绍。

正是因为汤飞凡，天花于1961年在中国彻底消灭，比全球消灭天花早

16年。

在“十眼九沙”的50年代，汤飞凡发现病毒TE8，彻底解决了七十余年关于沙眼病原的争论，由此被誉为“衣原体之父”。国际上把沙眼病毒称为“汤氏病毒”。汤飞凡成为发现重要病原体的第一个中国人，也是迄今为止的唯一一个中国人。1981年，鉴于汤飞凡的杰出贡献，国际沙眼防治组织授予金质奖章。

建国后，汤飞凡出任中国科学院学部委员、中央人民政府卫生部生物制品研究所首任所长兼中央生物制品检定所首任所长、国家菌种保藏委员会主任委员、卫生部生物制品委员会主任委员、中国微生物学会理事长等主要职务。

李约瑟盛赞汤飞凡是“国家的杰出的科学公仆”，“预防医学领域里的一名顽强的斗士”，并断言，“在中国，他将永远不会被忘记。”

的确，汤飞凡是公认离诺贝尔奖最近的中国人。

就是这么一位大师级人物，1929年，在导师的强烈要求下，刚毕业于哈佛医学院细菌系的汤飞凡已决意留在美国深化他的病毒学研究。然而，一封发自上海的书信飞抵美国。天将降大任于斯人。汤飞凡旋即举家回沪，出任中央大学医学院细菌系副教授。

写信的便是颜福庆，汤飞凡在湘雅就读期间的恩师，汤飞凡终身的精神教父。

信中，颜福庆并没有立下天花乱坠的许诺。只是说，刚成立不久的中央大学医学院百废待兴，需要艰苦创业的同仁。

《道一风同》的第21章，在谈到湘雅医学专门学校首批学生来源时，作者胡美专门介绍了颜福庆与汤飞凡的师生缘：

“姓汤的学生是从长沙以东不远的醴陵来的。出于学生的好奇心，他常去参观萍乡煤矿，看人们从大矿中运煤出来。一天，他在煤矿上遇见两名中国客人。他向他们鞠了一躬，鼓起勇气问他们那闪亮的木盒子里装的是什么东西。客人告诉他说是一架显微镜。他们是来给下班的矿工检查钩虫的。汤姓学生马上感到很新奇，问他们可否让他看他们的工作。客人们建议说：'来给我们帮忙吧！'两位客人告诉他怎样使用显微镜，怎样用显微镜在标本上找钩虫卵。当他在没有客人的帮助下自己在一张切片上找到钩虫卵时，他高兴极了。那一天这个姓汤的孩子就决定做名医生。他发誓：他不仅要做一位治病的医生，而且要研究致病的原因。他向那位年纪较大的中国先生颜医生问道：要怎样才能研究医学科学。他回答颜医生说，他一定要进入（湘雅）第一班学习。”

汤飞凡英语欠缺，但还是被湘雅破格录取了，于是，20世纪中国医学界多了一座丰碑。

1938年，也是在颜福庆（时任国民政府卫生署长）的召唤下，汤飞凡放弃沪上相对富足的教授生活，赴内地出任中央防疫处处长，从而为国家防疫体系的构建作出奠基性的贡献。

汤飞凡是湘雅医学专门学校第一批学生。1921年6月入学，30人，七年寒窗，仅有10人毕业。其余九人是张孝骞、萧元定、徐维达、任廷桂、高镜朗、梁鸿训、彭治朴、吴绍青、应元岳。他们都是20世纪中国医学界的先驱与顶梁柱。

张孝骞和萧元定还曾担任或代理过湘雅医科大学校长。

10人中，张孝骞和汤飞凡是公认的医学泰斗。

在1992年邮政部特别发行的4枚科学家纪念邮票中，其中2枚便分别献给汤飞凡和张孝骞。

第二届毕业生中有眼病防治学家周诚浒、放射诊断学家谢志光；第三届有中医医学史学家龙伯坚、结核病学家钱慕韩；第四届有预防医学家张维；第五届有世界上首株小儿麻痹病毒分离者李振翩、外科学专家董秉

* 1992年纪念邮票上的汤飞凡

奇和袁道、骨科学家谢锡瑹；第六届有中国科学院学部委员、免疫学家谢少文；第七届中有我国心电图学奠基人王肇勋等。

当然，还有为人类健康事业奉献终生的张师鲁、杨大望、萧元定、徐维达，有为医学教育事业鞠躬尽瘁的王子玕、李亭植、罗嘉典等。

以"严谨治学"的优良传统，"公勇勤慎，诚爱谦廉"、"求真求确，必邃必专"的院训院风，以及"重质量、重水平、重特色"的办学风格和"如履薄冰、如临深渊"的行医理念，湘雅12年，颜福庆为中国医学教育走向大众、走向现代化、走向世界开天辟地。

"严谨求实"日后也成为上海医学院区别其他医学院校的标志。

1931—1938年期间，中央大学医学院毕业生均获两张证书，一张是罗家伦签署的中央大学学士学位证书，另一张是颜福庆签署的医学院医学博士学位证书。

正如颜福庆主持湘雅的12年，国立上海医学院在三四十年代同样英杰辈出，如林兆耆、钱悳、杨国亮、吴在东、张昌绍、崔之义、魏曦、凌敏猷、陈化东、朱益栋、戴自英、顾绥嶽、张源昌、方春望、吴之理、章央芬、张毅、叶馥荪、顾恺时、薛邦棋、夏镇夷、吴珏、吴学愚、石美鑫、史玉泉等。

在颜福庆的感召之下，不少医科毕业生，选定公共卫生作为终身职业，国立上海医学院也发展成为中国公共卫生学专家的摇篮，诞生了苏德隆、张炳瑞、戴天右、顾学箕、乔树民、郁维、王霖生、周萼芬、沈育民、王兆俊、马龙瑞、盖宝璜等一批蜚声杏坛的公共卫生精英。

就读医学院的苏德隆，在基础医学研究方面已有所建树，但颜福庆还是执意派他去上海郊县，从教于陶行知、黄炎培所创办的乡村小学，安排他讲授卫生急救知识，并在农村卫生所从事农村卫生、预防接种等工作。抗战期间，颜福庆又安排他担任防疫大队长，在难民中展开天花、伤寒、霍乱、痢疾、血吸虫等传染病防治和研究。在实践第一线，苏德隆累积了8年的防疫经验。之后，颜福庆再让他回医学院执教，随后给他提供洛克菲勒基金去霍普金斯大学学习卫生学和流行病学。

一位公共卫生学和流行病学的泰斗就是这么锻造出来的。

“各医学院校无论在平时或战时，不特负有造就医师之责任，且亦须负有造就各项公共卫生环境卫生工作人员以及护士人才之使命。”

俗话说，烈火见真金。在抗日烽火中锻造，更难能可贵。

“在此抗战时期，不论对于前方之战士，及后方之民众、难民，均需有卫生医疗救护防疫等措施。因此医师、护士等各项医事人员，至为重要。唯此项人员原属为数有限，必致求过于供，故在战时，必须依赖各医学教育机关以最短之时间，产生最多量之医事人员，以资源源供给。”

日寇于1932年1月侵犯上海。颜福庆在沪负责战时医疗救护工作。他率领师生，分成四批，参加了前线救护队和后方医院工作，仅三个月就收转伤员两万余人。

八一三战事爆发，颜福庆奋起组织医疗救护队，并担任上海市救护委员会主任委员。枫林桥护士宿舍（今平江路宿舍）为伤兵分发站，中国红十字会第一医院为特约医院，中山医院为第六救护医院。

“各医学院校，在战时至少有两种不可或缺之工作。一方面对于前后方所需要医事人员，须从事造就，而不得避免责任。同时一方面须多方设法，保留原有之教授人才学生及设备以期于战时终止后，藉以恢复固有之基础。上述两种工作，相关至切，宜有详细之考虑严密之注意。如顾此失彼，即不能贯彻其应负之使命……”

3个月后，上海沦陷。学院新校舍和中山、澄衷两医院均为日军占驻，十载创业，丧失殆尽。在颜福庆亲自领导下，应元岳和王霖生日以继夜地组织中山医院撤退，尽管交通工具极度缺乏，但日军占据前1小时，仍然冒险将全部伤病员和设备转移完毕。

有其师必有其徒。

汤飞凡目睹上海沦陷，忧愤地对夫人说：

“研究，研究，研究出再好的东西做了亡国奴，又有何用？”

于是，他加入了八一三战事的前线医疗救护队。所在救护站置于日军炮火下，数次几乎被击中。身高仅1.60米的汤飞凡竟挺身而出：

“我干这个最合适，因为我目标小，炮火打不中我。”

1939年，颜福庆辞去卫生署署长职务，由香港辗转回上海。汪伪政权抓住这个机会，企图利用他的威望，诱逼他出任重要职务，还邀请他参加“大东亚医务卫生会议”，均被他一一严词拒绝。

抗日之心，坚贞不渝。

早在1935年，汤飞凡任英国国立医学研究院研究员。某天，日本人来研究院参观，要和汤飞凡握手，汤飞凡义正词严地说：

“你们日本正在侵略中国，很遗憾我不能和你们握手，还是转告你们的国家停止对我的祖国的侵略吧！”

为了与日本科学家野口英世较量，汤飞凡以凿实的研究成果彻底推翻了野口的细菌病原说，野口英世就此从细菌学教材中消失。

建国后，颜福庆和他的弟子再次弘扬其爱国精神。

抗美援朝期间，颜福庆参加了上海市抗美援朝志愿医疗手术队的组织领导工作。在他的感召下，沪上医药卫生人员积极奔赴前线，尤其是他领导的上海医学院，各附属医院先后组织三批志愿手术医疗队和一个防疫检验队参加反细菌战，参加的人员共200余位。颜福庆当时虽已70古稀，但仍亲赴东北慰问志愿军。

就这样，湘雅医学专门学校和上海医学院品学兼优的学生，选定公共卫生工作为自己的终身职业，为数不少。

从湘雅医学专门学校到上海医学院，颜福庆对学生总是这么谆谆教诲：好好地为广大人民群众的医疗事业服务，千万不能走私人开业只顾个人福利的道路，且勉励学子要争取成为第一流的医学人才。

悲凉晚年　气节弥坚

"大家能使用周家花园是党的知识分子政策的具体化，要感谢党，感谢毛主席！"

在晚年，颜福庆还在要钱。

50年代初，经他多方奔走，争取到与上海医学院附属医院（今华山医院）毗邻的周家花园，除了供康复病人散步、运动锻炼外，还可供教职员工午间用膳、午休，也可以用花厅召开学术会议，或作聚餐之地。

建国初，颜福庆振臂一呼应者云集，投奔到上海医学院颜福庆麾下的一级教授竟达16名之多，相比之下，复旦大学当初仅拥有6名一级教授。

八十大寿时，他还获卫生部特别嘉奖。

当时，颜福庆尽管因年高而患上视神经萎缩症，但仍能借助放大镜读书看报。除轻微“老慢支”，身板硬朗，思路清晰，连走路都不要人搀扶。

然而，政治风暴并没有放过这位为中国医学事业鞠躬尽瘁的大师。

“反右”斗争中，幸好获得医学院党委书记兼院长陈同生的保护，得以过关。

“文革”开始，陈同生自己却首先被扣上“三反分子”、“特务”、“叛徒”、“走资派”等帽子，并接受隔离审查。在生命的最后几天，他留下了一段弥足珍贵的遗言：

“毛主席：你知道许多跟你苦战几十年的干部被污蔑为‘走资派’、‘叛徒’，过着比罪大恶极的战犯还难受一千万倍的日子，比囚徒还苦，请你救救这些干部！”

陈同生临终所深深关切的人员中，颜福庆是主要一个。

颜福庆同样遭受隔离审查，“关进牛棚”，戴上写着“资产阶级反动学术权威的祖师爷”的超高纸帽。他被迫领头列队在校园内游转，左手拿一只破铁皮畚箕，右手执一短棒，边走边敲，还要不断喊叫：

“我是——资产阶级反动学术权威！”

* 晚年颜福庆

“我是——医务界反动权威的祖师爷！”

“我是——牛鬼蛇神！”

游斗，在自己一手创建的校园！

家人担心老人无以承受如此屈辱、折磨、摧残，万般安慰。颜福庆却坦然说道：

“你们放心，我不会自杀的，没什么了不起，以前在湖南早就看到过‘痞子运动’，这次是一样的，革命吆，过去了就会好的。”

这就是湖南人的“霸蛮”，不是霸道，不是野蛮，而是一种刚猛坚毅、倔强豪侠的性格，被上海人所吸纳。湘雅的筚路蓝缕，湖湘文化在颜福庆身上得到了映照。

* 颜福庆旧居（武康路40弄4号）

意志坚强，颜福庆的身体可每况愈下。

一天，颜福庆肺气肿复发，家人用藤椅将他抬到隔壁中山医院急诊室。被工宣队把持的医院竟胡乱给点药把他给打发了。

借个氧气瓶，以便在家里应急用。这样的请求，更是被无情驳回。

“我们回家吧。”

颜福庆此时此刻再也按捺不住情感，双眼紧闭，老泪纵横。

沮丧，失望，痛绝！

“最后，要求各位会员在目前独特的机会下，保持本职业的荣誉和尊严。”

在他耳边，顿然回荡着本人在中华医学会第一次会议上的会长致辞。

何以荣誉，何以尊严！

1970年11月29日上午，随着上海医学院围墙突然坍塌，静坐在屋里的颜福庆轰然倒下。

“不舒服吗？”

颜福庆摇头。

“要去医院吗？”

颜福庆还是摇头。

再问，老人无言以答。

一代宗师溘然辞世。

业内人士常说，“一部中国西医发展的百年史，几乎半部是由湘雅人写就。”要是此话属实，那么，这半部的主笔人非颜福庆莫属。

更为确凿的表述是，一部颜福庆的传记，俨然一部中国西医教育史。

随着颜福庆的驾鹤西去，再也无人续写一个人的中国西医教育史。

第四章

追寻海上那片教育乌托邦

1912年，11位血气方刚的清华教师在首任教务长、留美博士胡敦复率领下愤然离校，这一来，沪上诞生了一所崭新的理工名校——大同学院，民国临时政府成立后最早成立的一所高等学校，胞弟胡明复、胡刚复随之共创海上教育乌托邦……

1912年3月19日，胡敦复26周岁生日。

这一天，上海南市区肇周路南阳里挂出一块醒目的招牌。

招牌的内涵显然太大，大得足以把这条弄堂撑破。

投胎这条弄堂的是大同学院。

生身父母还给它取了一个英文名字，叫Utopia School。

要是译为乌托邦学校，那就不是秉直而是迂腐了。这个名字蕴涵着一种价值取向——对美好世界的追求，革故鼎新的勇气，教书育人的境界，爱国救国的信念。

之后，果然有了“北南开，南大同”的美誉。

创办大同学院的是立达学社。首度执掌该校的是社长胡敦复。

* 建国初期的大同大学校门

3月19日，既是胡敦复的生日，也被确定为“大同”校庆日。

一所大学的命运便与一个人、一个家族的命运重叠、交融、合一。

破旧立新　源远流长

26岁便创办高校，无疑过于稚嫩。然而，帝国辉煌已逝，民国未满周岁，现代大学制度羽翼稀疏，这个天下应该是少年中国。

1910年4月，年仅24岁的胡敦复出任游美学务处肄业馆教务提调（教务长）。一年之后，该馆经清廷批准改名清华学堂（清华大学前身），胡敦复遂成为清华学堂第一任教务长。

游美学务处肄业馆也好，清华学堂也罢，无非是一所留美预备学校而已。

其实，胡敦复本人就是一名留美学子，而且是首次公派的留美生，由两江总督端方在江南学府层层选拔。1907年，由遴委候选道温秉忠护送赴美，共15名，胡敦复与大妹胡彬夏（女榜第一）便占两席，入选的还有宋庆龄。

兄妹入榜，这的确令人欷歔不已。

胡氏兄妹也的确身世非凡。他们出生于江苏省无锡县堰桥村前村的教育世家。

祖父胡和梅为岁贡生（国子监学员），任桃源（今泗阳县）教谕（当地最高教育长官），培植士类犹恐不及，爱护生徒如同己出，而且破旧习立新政。清末被举为江苏省谘议局议员，民国初曾任临时省议会议员。

其父胡壹修与仲叔胡雨人均为才子俊杰，清末民初在当地兴办新学和兴修水利，开启民智，名震一方。

祖上可追溯到是北宋鸿儒、安定学派代表人物胡瑗，早年出掌苏州府学和湖州府学，宋代理学创始人程颐曾为门下。

从胡瑗至胡敦复，历时31代。

身为族中长子长孙，胡敦复自幼接受家学。启蒙导师便是仲叔胡雨人。

胡雨人是近代崇尚实践努力维新之先导，1900年赴日留学，兼以考察世界新文化及教育状况，致力于数学及自然科学的研究，先后在京沪创办中等学校10余所，如宜兴中学、常州中学、南菁中学等，后加入同盟会，辛亥革命后出任北京女子师范学校等多所学校的校长。

1907年9月，胡敦复赴美就读于康奈尔大学，专攻天文学、数学。两年后获哲学学士。

本该继续深造，适逢清廷设置游美学务处，该处总办周自齐特招胡敦复回国，负责游美学务处的考选、护送留美生等事宜。

1909年8月至1911年6月期间，胡敦复在游美学务处遴选了三批直接留美生，而且每次均以护送官员身份把留美生护送到美国。第一批庚款生都先被送进了美国高中，经胡敦复竭力与美国政府交涉，第二乃至第三批学生都能直接进入美国大学。这是仅有的三批，共180人。其中不乏之后成名成家的国之栋梁，如梅贻琦、竺可桢、胡适、赵元任、姜立夫，以及他的两个胞弟胡刚复、胡明复。

胡敦复，伯乐也。

自立立人　铮铮傲骨

清华学堂创设的原始资本来自退还的部分庚子赔款，共1 078万5 286元1角2分，学校的教员由基督教青年会从美国聘请，中国教员势必沦落为弱势群体，待遇悬殊，工资落差可达近十倍，居住条件更是天壤之别。

学校处处受制于美国公使馆。教育教学上更是寄人篱下。稍有不慎，公使馆便鲁莽干涉。

美方执意要在清华开设美国史地、政治、公民等课程。对美国历届总统、史上名人，以及所有联邦州、州府，每一条川流、每一座山脉，公使馆强制性规定清华学生无一挂漏地背诵出来。

这种殖民式的压制与丧国般的凌辱激发起中国教员和职工的愤懑。

就此，在护送庚款生赴美时，胡敦复曾努力与纽约教会交涉。主事人非但不允，而且还要求学务处责令胡敦复迁就，交涉未果。

"为人才学极富，且就任以来办事亦极有条理，但诸种举动皆嫌过于专制，自拿主意，不与众商量，所以同那些美国教员很不和睦，而且性气高傲。"此乃吴宓对胡敦复的评语。

因年轻而血气方刚，因爱国而铁骨铮铮。

果然，身为教务长，胡敦复揭竿而起。

1911年6月，他携手清华教员平海澜、朱香晚、吴在渊、顾珊臣、郁少华、张季源、顾养吾、华绾言、周润初、赵师曾共11人，组建立达学社。

其宗旨旗帜鲜明——"自立立人，自达达人"。

《立达学社简章》规范了三大社务：教育事业，"或建设，或补助，或刊行著撰，但不妨碍政界，力之所至，节次进行"；常务每年暑期举行大会议事，每月召开常会讲习；杂务"裁答书函，收支款项"。

自立，自达，虽标新立异，自立门户却并非易事。

立达学社仅仅旨在维护中国员工切身权益，同时，以入社费、捐助等社费来补助或资助教育事业，一以贯之。

然而，局势突变。

暑期开学，胡敦复提议通过增加理工科课程来强化理工科教育，而美籍教员瓦尔德坚持以英文和美国的文史地为课程主干。

观点相左本为常事，何况又存在文化差异。

不料，美国公使粗暴介入，使势态迅疾升级。

胡敦复遂以“不能遵办”愤然辞职，离京返沪，受恩师马相伯之邀出任复旦公学教务长。

当年10月，正值辛亥革命，立达学社其余社员数十名也一并出走清华，南下与社长胡敦复会师。

自达达人　白手起家

“在慨社会不良，官立学校办事者皆以外粉饰而内敷衍为事，偏重智育而置德育于不问，才乃为济恶之端。教授成绩，以学生之能否全行升级为标准。课程中体操、图画、手工、唱歌等项，无九十以下分数。学生于重要课目，或成绩虽劣，乃无降级留级之患。所重专在外国语文，而科学、国文退居附庸之列. 教育都类机械，而学者天赋之能力无自发展，以为无人出而改良，种族将日就退化。”（《大同创办记》）

这是对昔日沪上高等教育的真实写照。

尽管新学蓬勃，但教会学校独霸天下。

中国人办中国人自己的大学！这个理念飞舞在胡敦复的思绪之间。

胡敦复曾言：“语曰，眇者不忘视，跛者不忘履。吾国今日之科学，已眇矣，已跛矣；长此以往，国将不国矣。视乎履乎，不佞敢大声而疾呼曰，吾国学者宜亟谋学术之自立……不如是，则吾国之学术，终为他国之附庸而已”（《近世初等代数学》序言）。

一手酝酿自己的理想，一手主持复旦教务。

受恩师马相伯之托，复旦事务万万不可怠慢。

“胡君前主持清华学校教务，力主按科分班，以权限不专，未行其志。至今清华学生犹追思之。现主持复旦教务，必能发挥此特色也。”这是1912年9月9日出版的《民立报》对他的评语。

是年12月，由于一件琐事而引发复旦学生罢课，校董事会重组复旦校务，胡敦复便托辞离别，全身心地描绘自己的梦想——大同学院。

“大道之行也，天下为公。选贤举能，讲信修睦，故人不独亲其亲，不独子其子，使老有所终，壮有所用，幼有所长，……是谓大同。”（《礼记·礼运》）

“社为干，校为枝。”

以“在明明德，在新民，在止于至善”为校铭，以“研究学术，明体达用”为宗旨，立达人开辟出一条开启民智、教育救国、科学强国、自主办学的崭新道路。

私立大同学院应运而生！

首期招收学生91人。初设普通科和预科，开设国文、数学、物理、化学、英文等课程，学生以各自文化程度来自由组合课程。普通科设2年制高中和4年制初中，预科设2年制的文、理科及5年制以初中毕业生为招生对象的英文、数理两专修科。

然而，经费成为胡敦复的首要困厄。

俗话说，众人拾柴火焰高。然而，立达人倾囊捐资，不过228元。这就是所有的开张资本！

也多亏了这笔钱，他们得以租下了几间民房充当教室，再临时拼凑一些书籍、仪器以及其他所谓的教具。学校就这么启动了。

有一段时间，时疫甚至把他们逼迁至南市丰记码头陈姓房屋内。

一穷二白，乃为时艰。1912—1916年期间，全国所有高等院校每年经费才区区500万元。新成立的民国政府“十余年来，全国教育沦于破产，教育经费未能保障独立，军需支出浩繁，动辄牵及教费。罢课罢教，时有所闻。”

胡敦复立志，大同学院不仅仅要自立、自主，更要自达、自强。

立达人互为约定，分文不取，养家糊口靠的是在外兼课，甚至自愿把兼课所得的20%捐给大同，以维持学校各类必要开支。

“但忧毅力不充，不患度支之不足。”

身为立达人的吴在渊不胜感慨：

“创办大同之议初兴，社员戚戚知之者，殆无不自以为狂而交相劝沮。同人以为苟能毅力有余，即不患度支不足。乃相约定议，同居沪渎之同人皆委其身于本校，一年以内，即冻馁亦不可离校而行。教者不假外求，薪俸全行捐纳，经费即勿庸有所顾虑。同人皆慷慨乐行，而敦复、在渊且愿终身服务皋校。于是一切不顾，毅然进行。”

吴在渊本人，穷巷陋室，木箱当桌，食盐代菜，却依然日则教书，夜则译著，仍不胜其乐，婉言谢绝一切重金聘请。幼子患病，无钱长期就医，遂断药，继而早逝。吴在渊强忍悲痛仍坚守大同。

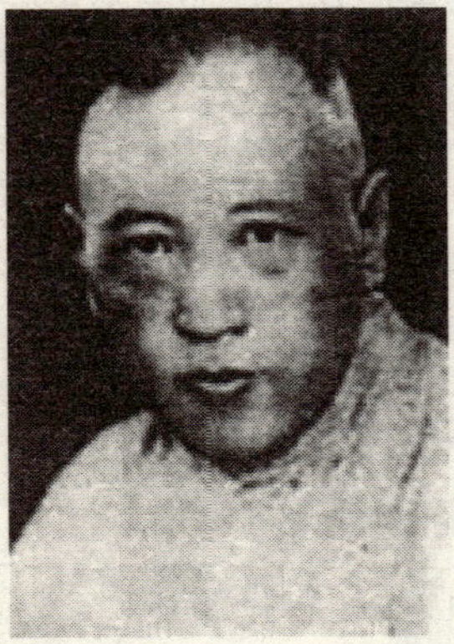

* 吴在渊

截至1916年7月31日，15位发起人中有9人捐款超过千元。贡献要数胡敦复最大，捐款逾万，占总额四分之一强。而“裸捐”，亦不乏其人。

立达人，虽家徒四壁而无怨无悔，甚至乐此不疲。

如若不是因为胡敦复，不是因为大同，这些立达人实在可荣耀一番。那年代，400元钱就可以在京城买下一座三进式四合院。更何况，他们的教育背景光彩照人，就文学院的5名教师来说，其中4人分别毕业于剑桥大学、哥伦比亚大学、密歇根大学和日本东京高等师范，可以说，在他们面前是一条条铺满荣誉与金钱的阳关大道。

但是，他们无怨无悔，为的是立达的理念，为的是大同的理想。

忘我的创业精神固然可歌可泣，但毕竟肉身凡心。

心血耗尽，积劳成疾而英年早逝。到1935年，已有顾珊臣、华绾言、吴在渊先后辞世。

尤其是吴在渊。体格魁梧，自幼习武，身强力壮。自从效力大同，前后24余年，年甫五旬的他，便伛偻龙钟如老翁。52岁便咯血致死。

大同不愧为“爱国办学的范例”。

胡敦复早早意识到，这种开创精神一定要以固化的形式让后人铭记。

1914年，在肇周路不远处的南车站路北首（401号），他置地九亩，自建校舍。

为纪念立达学社，首幢命名为“近取楼”，取自“已欲立而立人，已欲达而达人，近取诸身，远譬诸人”，铭志学社耕耘；以《易经》“敦复无悔，中以自考也”为信条，第二座取名为“自考楼”，此名一语双关，“自考”即“自省”，“敦复”原意等待回归，引申为静候时机，同时也指代校长胡敦复的丰功伟绩；而“自试楼”旨在纪念大同元老吴在渊的功德，源自《易经》“鱼跃在渊，自试也”。

1922年，北洋政府教育部批准立案，大同学院改名为大同大学。

1928年2月12日，立达学社决议：社长与校长，不得由同一人兼任。于是，胡敦复把社长和校长的职位分别委让于朱香晚和曹惠群。同时成立董事会，作为学社代理机构管理大同事务。

制度建设为大同腾飞增添了强健的翅膀。

30年代，学校占地100余亩，图书馆、教学楼、实验室、体育馆等一应俱全，已成为沪上私立完全大学之翘楚。在国内，其规模和教学质量均可跻身第一流高等学府，数理、电机两系的教学质量更是蜚声全国。全校大、中学生近千人，其中大学部学生300多名。

1935年，《三十年之上海教育》对大同大学作出如下评价："该校办理，处处经济，绝不浪费。教员刻苦耐劳，精神贯注，学生朴素好学，教师辅导学生自动研究，尤为可贵。"

至1948年，大同大学部学生人数已达2 700人，中学部学生达2 500人，稳居沪上榜首，是1912年初办时学生人数的50倍。

教育领导　人师楷模

为了奖励担任教授10年以上，且成绩斐然声誉卓著居功至伟的高校成员，1941年，重庆国民政府教育部在全国设置部聘教授。经反复酝酿，决定首批30位部聘教授从24个学科中遴选，中国文学、数学等6科各2名，其余各科皆1名。在这30人中，还包括当时因在敌占区工作生活暂不便正式公布姓名的2位。胡敦复分别在数学学科和敌占区荣获名额。其实，在录名单中，敌占区的部聘教授只有胡敦复一人。

在苏步青眼里，"胡敦复是很好的教育家"。

而早在20年代，大同成就有口皆碑，"社会中人无不知大同之敦复先

*晚年胡敦复

生者”，称“胡敦复为中国第一流教育家”。

所谓的一流教育家，就是要使办学理念服务于国家发展与民族振兴。

在当初积贫积弱的中国，强国需要先进的科学技术，尤其需要掌握并发明先进科学技术的人才。于是，大同始终坚持“理工立校”的办学理念。大同存在的四十年，也始终以理工闻名沪上。或者拿当今的话语来表述，胡敦复办学是市场为导向。只是当时的市场意识淡薄，人们普遍注重的是经世济世，教育尚未被金钱玷污。

所谓的一流教育家，就是要吸引并打造一流的师资。

当然，作为办学主体的立达学社，其成员总体上是以理工学科背景为特色，如中国近代数学发展史的代表性人物胡敦复、吴在渊、胡明复，中国近代物理学开拓者胡刚复，中国化学先驱曹惠群、陶慰荪等。这些成员构成大同教师群体的主体部分。此后，大同不断海纳理工类各路精英，如数学方面的张镇谦、高扬芝、范会国等，物理、化学与工学方面的顾静徽、叶蕴理、戴岂心、曹简禹、郑昌时等。此外，物理学家吴有训，数学家、九三学社创始人之一何鲁，数学家武崇林、无机化学家顾翼东等人都曾在大同执教。

所谓的一流教育家，就是要构建一流的学科，以及学科发展所需的设备仪器。

在兄长胡敦复的感召之下，胞弟胡刚复主持大同物理系，并开创中国的实验物理学。他通过南通实业家张謇父子的捐助，在大同创建了我国早期近代物理实验室之一，其中有用于测定光波和光的折射率的迈克耳孙干涉仪，有测量电子电荷的密立根油滴仪等，设备之先进与丰富，国内叹为观止。

所谓的一流教育家，就是要著书立说，推进教材建设。

尤其是在西方教材一统天下的时代，以自己的教材培养自己的人才，可充分体现教育的国格和民族性。

在与吴在渊合著的《近世初等代数学》的序言中，胡敦复敞开心迹："自立之道奈何？第一宜讲演，第二宜翻译，第三宜编纂，第四宜著述。"而关键在于，"务使初学科学之人，可尽脱外国文之束缚，而多得参考之材。学者研究既多，自能群趋于发明之一途。"

校长要引领教师编撰教材，循序渐进。"今尚宜从中学之教科书入手，渐及参考之书，层累而上，以至高深之学。材料不妨浅近而说理务宜精详，结构不必宏大而见地须有独到，务使中学之士，先得观摩之益；至盈科而进，而后引入百宝之林。"

大同学院成立不久，胡敦复便身先士卒，率领本校名师成立了"大同学院丛书丛刊"编辑部，负责编写校本教材。40年代，他编写的《英文宝库》第1—5册，被教育部审定为全国初中教科书。此外，他还为多部教科书和教学参考用书作序或校订。可以说，他的编撰工作是我国高等教育和基础教育的教材建设滥觞。

所谓的一流教育家，就是要拥有教学领导力，能够在三尺讲台上游刃有余，并涉猎多门学科。

胡敦复先后教过英语、拉丁语、哲学、国学、物理等多门课程。何处师资紧缺，他就毅然顶岗，人称“全能教授”，而且教学效果无一不受好评。

当然，这也取决于他的博闻强记及其精旺气盛。

苏步青在1993年5月曾这样评价胡敦复：“非常和气，非常聪明，当时我们议论，数学家中英语最好的就是胡敦复先生，他的文学也非常之好。”

据长子胡新南（后任台湾中美石油化学公司董事长）回忆，胡敦复唯一外行的便是化学。胡新南当时报考大同，还特意把化学定为专业方向，以期躲避严父的管教。万万没有料到的是，逻辑作为大一新生的必修课，无可回避，而任课教师正是胡敦复。儿子最终还是未能逃出父亲的掌心。

他所承担的课程中，首推的是他的老本行——数学。提纲挈领，抽丝剥笋，环环相扣，层层递进。汪道涵回忆道：“我曾听过胡敦复教授讲授微积分，胡先生学识丰赡、讲课清晰。当年创校时，以‘大同’为名，就有着美好的深意。‘大同’很有名气，培养出许多人才。”

胡敦复的板书也令人叫绝。曾有学生说：“胡师敦复，教大一《微积分》，讲课认真，内容精彩。黑板字迹，一丝不苟。边讲边写，有如碑帖，颜柳再生，不过如此。”

胡敦复讲《微积分》有三个严，一个不严。“三严”即严谨、严密、严格。严谨——逻辑性非常强，层次分明，因果清晰；严密——讲任何内容都是先前提，再边界条件，再适用范围；严格——所有表达都非常规范，包括手书“X”，必先左后右，像印出来的一样。一个“不严”，是不严厉，尊重学生，但并非放任不管。

所谓的一流教育家，就是要在任何困境下坚守自己的事业。

1937年八一三战事爆发，大同校舍毁于战火。10月，华界沦陷，大同师生因拮据无法向后方转移，校董胡敦复不得不率领部分师生从南市迁至租界，借用中国无线电工程学校及位育小学继续上课。次年9

月，中学部979人和大学部850人迁入租用的辣斐德路（今复兴中路）律师公会大厦，作为临时校舍。大学部而后改借公共租界光夏中学校舍。

《文汇报》转引“大同大学调查”材料，估计校舍战时财产损失达30万元。

留守孤岛，全校师生在胡敦复的领导下肝胆相照共克时艰。

留守孤岛，便是坚守讲台，坚守教育事业，坚守一位教育家的信仰与职责。

留守孤岛，对于一介书生来说，何尝不是最值得推崇的抗日救亡运动？

九一八事变后第三天，大同便召集全校所有大、中学生大会，组织抗日委员会、演讲队，筹划了一系列抗日救国活动。

所谓的一流教育家，就是要把德育放诸于与智育同等位置，使学生养成社会责任感。

1919年5月11日，为响应“五四”运动，大同学院学生积极参加学生罢课宣誓典礼，高呼“为挽救国家存亡，不顾生死，决心坚持到底”，并组织演讲团上街宣传；1925年6月12日，“五卅”惨案激起大同大学罢课、演讲、募捐，10多天募得大洋1 464元，小洋2 036角，铜元1 076枚，交由上海学联资助罢工工人；1943年，刚刚重新执掌大同的胡敦复发起“大同团契”，开展助学、歌咏、演剧、讨论会等活动。值得一提的是，“大同团契”举办唐家湾义务小学，招收失学儿童约二百人，由高中同学三十多人担任义务教师。

70年代后期，胡敦复在美国接受记者采访，总结了大同办学的六条经验：

“一、降低办学费用，使有更多的钱用于教学与科研。二、有一支热情而有能力的工作班子，使开支降低而工作效率增强。三、有一个能事先规划周详的领导班子。四、有良好的信誉，博得人们的信赖。五、取得广泛的信誉后，需要的时候，就容易向外筹款。六、组织一支良好的教师队伍，他们不为名利，热心教育。”

这是对教育家使命高度归纳。简练而又朴实，但能够真正履行的，哪怕是依样画葫芦，普天下又能有几个校长呢？

兄弟结义　家族兵团

胡敦复高举大同旗帜，振臂高呼，弟、妹胡明复、胡刚复、胡范若、胡芷华，堂兄胡宪生，堂弟胡正详，堂妹胡卓，子女胡宜南、胡新南等家眷纷纷响应。无论是在国内就读还是在海外深造，学成之后，任何锦绣前程均无以诱惑。

他们只有一个归属——献身大同。义无反顾，责无旁贷！

其中不少原本就从大同走向社会，如化学系毕业生胡新南——胡敦复的长子。还有胡敦复的堂妹胡卓，她1916年入学，是“大同”的第一个女生，开国内男女同校同班之先河。

这些家族成员中，尤其值得称道的是胡氏同胞三兄弟，即胡敦复、胡明复和胡刚复，并称“胡氏三杰”。

明复和刚复分别比长兄敦复小五岁和六岁。他俩均为哈佛博士，前者是中国第一位数学博士，后者为第一个X射线科学家，在中国科学史上的地位远远超越长兄。胡敦复在中国教育史上的声望，两个弟弟却难以企及。不过，对大同，明复和刚复兄弟俩功不可没。

胡明复曾对康乃尔大学文理学院同班同学赵元任推心置腹道，教育

* 胡明复

和科学是一条强国之路，中国的教育不光落后，而且多受外来干涉，办学虽然艰苦，却可以按照自己的愿望办出一所理想的大学。在美国时，他就立志要将长兄敦复创办的大同办成一所高水平的学府，以实现教育救国的理想。

胡明复走进大同伊始，因胡敦复长期在外奔波，便全面挑起了校务和教务的重担。为全力以赴办好大同，胡明复索性把家安进了学校。从教学安排统筹、人事安排、资金调配到基建设计，他事必躬亲。

当时，正赶上学校规模扩张时期，等着教室空闲再上课的现象频频发生，新设系科的师生甚至因教室紧张而无法开课。于是，异常繁重的基建任务就落在胡明复身上。为了加速和省钱，他亲自动手设计校舍。坐落在上海新闸路西康路口大同旧址的校舍，就是他的杰作。胡明复还亲临施工现场指挥，管理才干可见一斑。

面对入不敷出的大同财政，胡明复便如履薄冰似的经营着学校。毕竟他早年就读于商业学校，又精于财务管理。然而，巧妇难为无米之炊。

为维持学校正常教育教学，胡明复不得不把私人积蓄尽数垫补，以济时艰。

这笔私人积蓄说来也是一段中国教育史。早期庚款生月生活费为80美金，勤俭节约者便累积起一笔不小的财富。留美期间，胡明复把积蓄用于创办《科学》杂志，如今在大同，再次倾囊。

从1917年9月回国，到1927年意外身亡，在大同的十年期间，他累计垫费总数达2万余元。那时，这笔款项可以在北京买到50个四合院。

而平时，胡明复却尽显穷酸样。为了补贴学校和家庭的开支，他常常回旋于几个大学之间兼课赚钱，风雨兼程。在春寒料峭的晨曦，胡明复身着洗得发白的蓝色长衫，搭乘电车去徐家汇赶第一堂课。单薄的衣衫难御寒气，常常清鼻涕直流而下。一次，火车站门警见他衣衫褴褛，阻止他走进候车室。

赵宪初在84岁高龄尚能清晰回忆胡明复的课堂教学："胡老师上课，经常穿的是不很新的西装，讲的是略带无锡乡音的普通话。声音不很响，但语言清楚简洁。教学态度，非常认真，从不缺席。"

这种简洁的力量正是来自他的无私。

* 青年胡刚复

后人称颂为“毁家兴学,劳怨不辞”。

如同兄长胡明复,胡刚复也奔波于各校之间。

那段时间,人们总会撞见一位行色匆匆的年轻人出入火车站,往返于沪宁之间。他随身总是携带着一个藤条编成的黄色箱子。这个老上海寻常百姓的普通家当,他却提放得异常谨慎,因为箱子里面装着的是当时国内绝无仅有的实验器材。

胡刚复的实验课,是对学生“动手能力”的考验。没有现成答案,全要做中学。胡刚复的口头禅是:“做了就知道”。哪怕实验仪器损坏了,也别指望用新的,唯一的选择便是修好再用。

他喜欢一面讲课一面在黑板上推导公式,一旦出现错误,就另改思路,重新推导,并说明缘由。于学生而言,似乎拐了一段路,浪费了一些时间,但学生能够明白出错的原因,以及改正的方式。这与照本宣科相比,获益更多。

或许是实验惯了,推导惯了,失败再来,反反复复的,拖堂也就成了家常便饭,而且一拖就是两三个小时。这让安排在他后面上课的老师叫苦不迭。他却视若罔闻,常常是学生拉拉他的衣襟,他才恍然大悟。

不过,旁征博引,滔滔不绝,激情四溢,常常沉醉其间不能自已,自然也就成为他授课的个性。

如今崇尚特色办学。大同的特色便体现在教师个性上。大同在短时间内成长为沪上名校,也就顺理成章了。

教育启蒙　科学救国

20世纪早期,国政不纲,外侮日急。

教育救国、科学救国，是当时中国学人的普遍情怀。

被陈省身赞誉为“对于发展中国数学，不能有更大的贡献”的胡明复直言，他们这一代生长在苦难深重的中国，为使国富民强，必须甘当为中国科学“开路的小工”。

作为我国近代物理学事业奠基人之一的胡刚复，在整装待归之际，复杂的心情全然体现在他1920年的那段自述中：

“1918年夏我的研究工作暂告完成，我之所以说是暂告完成，是指科学研究没有止境。此时欧战方酣，我深感循实业科研路线报效祖国之责任。另一方面，吾师杜安教授也希望我帮助他从事物理实验工作。但我终于决定离开我愉快逗留八年的美国而回到祖国，担任教职。我国十分贫困，物资缺乏，生产落后，急需振兴实业。由于经费和物资短缺，致使教育事业也难以推动……我面临着与命运作艰苦的搏斗。”

教育救国、科学救国。这两条救国路径合一为科学启蒙。

“胡氏三杰”无疑是绕不过的历史人物。

1914年6月10日黄昏，康奈尔大学图书馆走廊。

胡明复、赵元任、任鸿隽、周仁、秉志、杨杏佛等中国留学生激扬文字指点江山。有人提出，中国要富强，所缺乏的莫过于科学，何不刊行一种杂志向国人介绍科学呢？众人附议，“相约为科学杂志之作，月刊一册以饷国人。专以阐发科学精义及其效用为主，而一切政治玄谈之作勿得阑入焉。”

在《五十自述》中，任鸿隽对众人当时的观点作了具体说明：

“顾吾此时于西方学术之本源略有所见……所谓科学者非指一化学，一物理或一生物学，而是西方近三百年来用归纳方法研究天然与人为现象所得结果之总和。我人效法西方，而撷取其精华，莫如绍介整个科学。盖科学既为西方文化之泉源，舍此莫由。”

* 中国科学社社徽

胡明复与任鸿隽、杨杏佛负责起草《科学社招股章程》和《科学期刊编辑部章程》。前者规定："本社定名为科学社（Science Society）"；"本社发起《科学》(Science) 月刊，以提倡科学，鼓吹实业，审定名词，传播知识为宗旨。"

执笔人就是胡明复。他对学术组织定位与功能把握得如此精到，乃至于社长任鸿隽1916年发现，英国皇家学会的运行，与胡明复的设计，"竟有许多不约而同的地方"。

胡明复的确搬来他山之石，不过，那是事后才发生的。1916年9月4日，胡明复出席美国算学会年会，"急欲一观美国学社开会之条理与精神，以得与本社相比较"。

1915年1月，《科学》月刊问世，这是中国历史上第一份综合性现代科学杂志，被公认为20世纪上半叶中国最有影响的科学杂志。

《科学》犹如划破夜空的一声雷电。乃至于陈独秀《青年》杂志创刊号中论述"近代欧洲之所以优越他族者，科学之兴，其功不在人权说下，若舟车之有两轮焉"，常常被判别为《科学》发刊词中所论"世界强国，其民权国力之发展，必与其学术思想之进步为平等线”之翻版。

同年10月25日，科学社改称为“中国科学社”，以“联络同志，研究学术，以共图中国科学之发达”为宗旨。胡明复被选为第一届董事会董事并兼任会计。

在任鸿隽眼中，胡明复“有沉潜精细的美德，但精神上仍然是极活泼。他辩论事理，极有独到的见解，但同时又能服从他人的意见。因为这样，所以认识的朋友都爱敬他。”

翌年，一纸《本社致留美同学书》，阐述“科学为近世文化之特彩，西方富强之泉源”，并号召留美同学积极入社，“共襄盛业”。社员总数至此已扩展到180余人。

1918年，中国科学社总部迁回祖国，设址大同大学。

因科学社成员回国后各奔东西，胡明复包揽了几乎所有的繁琐碎杂。

胡明复全息展现其出众的社会活动才华，也深谙潜规则。

为了解决中国科学社最大困惑——经费问题，在布朗大学召开的第二次年会上，他和其他社员一致推举前农商总长兼水利总长、大实业家张謇为名誉社员，时任代总理伍廷芳、前任总理唐绍仪、时任教育总长范源濂、江苏省前教育司长黄炎培为赞助社员，前教育总长蔡元培为特社员。有这些时代风云人物撑腰，钱便不愁了。

尤其是新任北京大学校长蔡元培，在胡明复的游说下，特批资助《科学》每月200元，以保证杂志如期出版。

当然，作为中国科学社的会计，胡明复也是不得已而为之。

会计的岗位，他一直兼任到1925年。

正因为胡明复具有算学家的严谨，科学社成立以来，虽遭受窘迫，但从未停顿或间断。

任鸿隽留意一番，认为，算学家算错账的概率微乎其微，胡明复一旦

* 1915年中国科学社首届董事会合影（后排左起：秉志、任鸿隽、胡明复；前排左起：赵元任、周仁）

* 中国科学社首届年会合影（二排左五为胡明复）

算错，那吃亏的一定是自己或别人而非科学社。

“明复是一个理想的会计！”

只怨胡明复幼年曾在上海中等商业学校和南京高等商业学堂念书，财会事务成为他分内事。

众人纷纷为他惋惜。

“倘使明复生于他国，早成为世界上之科学家。”

“明复在算学上的造就，已经是很难得的了。倘使他能继续研究下去，准定在算学上有一点贡献，可惜他回国以后便被教书和其他事体把他发明的机会完全断送了。”

的确，胡明复博士论文《具有边界条件的线性积分——分方程》曾刊发在国际上享有崇高声誉的学术刊物《美国数学会会刊》(第19卷第4期)，这是中国学者在国外发表的首篇现代数学论文。

可是，从《科学》第四卷起，胡明复的论文便消隐了。而前三卷《科学》，其作品泉涌而出，第一年所发表的文章竟达150页之多，力压群芳。

到底是众人皆醉我独醒呢，还是众人皆醒我独醉呢？

他经常说，我们不幸生在现在的中国，只可做点提倡和鼓吹科学研究的劳动。现在科学社的职员社员不过是开路的小工，哪配称科学家。中国的科学将来能与西方并驾齐驱、造福人类，便是今日努力科学社的一班无名小工的报酬。

只有“提倡科学，以养‘求真’之精神，则事理明，是非彰，而廉耻生……”富国强兵之效体现于“民智民德发育以后自然之结果。”“科学救国非以物质救国，而在求真，真理既明，实用自随。”

作为中国科学社创始人之一，胡明复担当着科学启蒙的三大使命：教学、编撰和学科建设。

胡明复于1918年创办大同数学系。他善于用生动而浅显的语言来

* 中国科学社社徽

讲述深奥难懂的概念和问题。他认为，大学生不能光啃书本，还必须学会独立思考和研究。由他入校初期倡议成立的“大同大学数理研究会”成为学生能力养成的大平台。

他也是一位出名的严师。在南洋大学任教期间，一次《微积分》大考，某学生以58分落榜。补考后获59分，还是不及格。怀着郁闷的心情，该学生去找胡明复理论，胡明复长叹道：“我看你一知半解，糊里糊涂，还是重温一遍的好。”

教学需要教材。

1924年，上海商务印书馆编译所所长王云五聘请胡明复兼任数学函授社主任。胡明复随即联手沪宁两地数学教师，主持编撰了一批普及性的数学书籍以及微积分、高等分析等方面的教材。同时，他还翻译并出版了《科学大纲》等普及性科学书籍。

鉴于当时科学术语使用的不规范，译名杂乱，胡明复遂与姜立夫、何鲁、胡敦复、吴在渊等人审定了初等几何学、平面三角、解析几何学、空间几何、射影几何、代数学、微积分、函数论等数学分支的名词。1938年出版的《算学名词汇编》的序言中着重凸现了他的功绩:“本篇既脱稿,以胡君明复姜君立夫对于算学名词夙著精勤,惜胡君早逝,未获观成。”

英年早逝!

1927年6月12日,在家乡无锡,为胡雨人夫人(婶母)送葬之后,与堂兄胡宪生在村前的横河口泅水,潜水不慎钻入驳岸缝中,胡明复不幸溺水身亡,时年36岁。

“一个人倘若在一日之中能做3日的工作,他30岁死,也同活到90岁无异。”这是他生前总爱唠叨的一句话。

参加悼念活动的各方人士纷纷坦言,胡明复何止做三个人的事业,他恐怕没有一天不做五天的工作。

胡明复的面部表情原本就呈漠然状,甚至有些忧郁,有些愁苦。或许是劳累过度,疲倦更是强化了他的愁容,因而,很少有人见过胡明复兴高采烈的样子。

1919年,西湖畔,中国科学社第一次国内年会。人们见到的却是另一个胡明复。

沉醉于湖光山色,憧憬着科学救国,他喜形于色。

在讲演中,他说:“……研究科学的人最爱自然,故在美丽的杭州西湖举行科学年会极为相宜。古代诗人来游西湖,歌咏名篇甚多,科学家虽不同于诗人……未始不可为西湖增色也。”

1929年7月,中国科学社将胡明复遗体迁葬于杭州西湖烟霞岭上,在“一角夕阳藏古洞,四周岚翠接遥村”的意境中,让他永与西湖为伴。

中国科学社称之为“社葬”。

正如杨杏佛所评价的那样,胡明复“服务科学社的热心毅力十年如一日,惟有意料之外的死,才使他中道脱卸仔肩,诸葛武侯说:‘鞠躬尽瘁,死而后已’,明复对科学社,足可当此八个大字。”

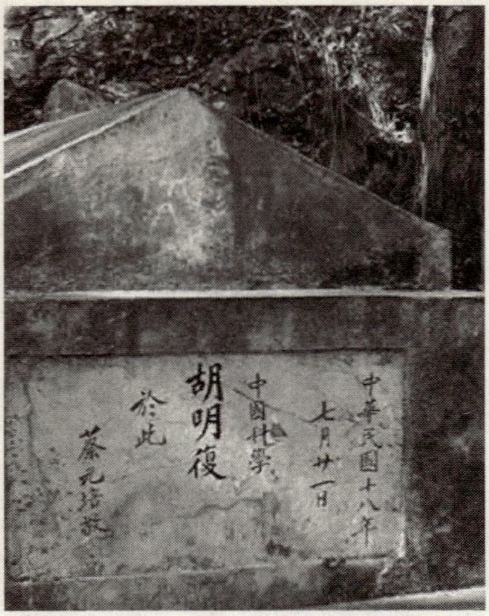

* 胡明复之墓（碑文由蔡元培书写，前方有破坏痕迹）

蔡元培题写碑文：

中华民国十八年七月二十一日中国科学社葬胡明复先生于此

蔡元培敬书

杨杏佛泣撰墓铭：

知无涯兮生有涯

愿焚身以创造人类之光明

世方沉醉于富贵毁誉兮

先生独致力于无名

力尽兮心安

死生成败何足论

江流不尽兮山色长青

千秋万岁兮永护佳城

* 1931年1月1日中国科学社明复图书馆开馆典礼

赵元任随之谱曲。当年8月,中国科学社第14届年会在京召开,与会者戚戚然而传唱。

时值北伐,但各大报刊仍在显著位置报道"胡明复泅水被溺毙,由政治会议上海临时分会呈请褒扬"。

中央政治会议在致国民政府的呈辞中,提议隆重褒扬胡明复,以利发展中国科学、教育事业。国民政府遂在公报上发布《中华民国国民政府令》,令"该故博士胡明复,尽瘁科学,志行卓绝,提倡教育,十年不倦……将该故博士生平事迹,勒碑礼堂,永留纪念"。

1928年,值胡明复逝世一周年之际,《科学》杂志隆重推出纪念专刊(第13卷第6期),大同大学数理研究会也编辑出版由胡适题写书名的纪念册《明复》,弟子严济慈泣书《胡明复博士论文的分析》一文。

1929年11月,中国科学社在上海亚尔培路(今陕西南路)建立中国科学社图书馆,这是我国第一座采用新式建筑设计的图书馆。由蔡元培在中国科学社青岛年会上提议,该馆被命名为明复图书馆(今卢湾区图书馆)。

1931年1月1日开馆典礼。91岁高龄的马相伯顶着凛冽的寒风赶到会场。

蔡元培深情地说:"此馆纪念胡明复先生……他为本社牺牲极大直

* 孙科为明复图书馆奠基题词

至于逝世日……本社第一伟大纪念物即以纪念明复先生。”

就在该馆的美权算学图书室，1935年9月初，长兄胡敦复亲自主持了教育部委托的、由国立编译馆组织编写的勘核数学名词的最后审定工作，确定中英数学译名共3 426条，大多数一直沿用至今。

胡敦复对科学启蒙的贡献亦不可小觑。

1922年中国科学社另设董事会，他当选为9位董事之一，主持该社的政策方针，并进行募集与保管基金工作。

1934年秋冬，胡敦复携手在沪的朱公谨、范会国、顾澄等，并联络在京的熊庆来、冯祖荀，重庆的何鲁，杭州的陈建功、苏步青等知名数学家，筹建中国数学会。翌年7月，他当选为中国数学会董事会首任主席。此后，他团结全国各地数学人才，积极推动中国数学的发展，除加速数学名词的审定工作外，还负责学会立案，促成学会会刊《中国数学会学报》、学会科普出版物《数学杂志》如期出版，以及接待外国数学家来华讲学，促进中外学术交流等。

在主持上海交通大学数学系15年期间，胡敦复把基础理论与应用工程有机地结合起来。为了引导学生探究学科新问题，从二年级起，每学期均开设“数学问题”课。此外，新开设的“科学思想史”旨在促进学生掌握科学思想源流及各种重要学科的最新进展。

当然，教学质量，关键在于教师的业务水平。胡敦复积极鼓励和大力支持教师参与学术和投身科研。抗战前，上海交通大学数学系教师在各类刊物上发表的著述累计有110余篇，涉及微积分、级数、函数和近代数学等领域，是该校科学学院成绩最为卓著的系科。

胡敦复20世纪30年代在上海交通大学的学生李立柔、黄正中教授回忆说：“这门课（指微积分）他教了多年，已经熟透了。但是，每次上课前仍然必须备课，从不马虎上阵，学生们都愿意听他讲课。”

教学教材不分家。

胡敦复与其夫人、早期留美生华桂馨合编初中算术教科书，与吴在渊合编《算术》1册（1922年）、《几何》2册（1923年）、高中《几何学》1册（1925年），这些校本教材先校内试用，之后均由中华书局公开出版。20世纪30年代，商务印书馆又出版了他与荣方舟合编的《平面几何学》、《立体几何学》。1935年，他和范会国、顾澄合译的《积分方程式之导引》，被商务印书馆列为我国最早的一批“大学丛书”之一。他独立编写的《新中学几何学》被教育部审定为高级中学用教科书。

踏着两位兄长的足迹，1918年，胡刚复在哈佛获取博士学位，谢绝导师杜安一再留校请求，投奔大同。

回国后，他首先在大同大学、东南大学和南京高等师范学校创建了我国最早的物理实验室。他“以亲手制作的实验仪器充实了实验室和在实验基础上进行的物理教学，从而把真正的物理学引进中国大学的讲堂”。

1923年12月12日晚，东南大学理化楼突然失火，实验仪器付之一炬。胡刚复于当天乘火车赶回大同大学借理化仪器，即刻返宁，没有耽误学生的实验。

只有在这种精神的普照下，才会成长起如吴有训、恽子强、严济慈、吴学周、赵忠尧、柳大纲、施汝为、顾静徽、钱临照等科学界俊杰，稍晚有钱学森、吴健雄、卢嘉锡、程开甲、胡济民、李政道、李文铸等学界大师。

深受哈佛的熏陶，胡刚复对学术自由和高校自治烂熟于胸。

1936年，参加中国科学社年会，胡刚复伤寒重症复发，被送进上海红十字会医院。在特护病房，不省人事，整整一个月！

哈佛学友竺可桢多次探望。胡刚复神志稍许清醒过来，这位刚刚履新的浙江大学校长便敦请他共同办学。如若胡刚复不同行，竺可桢则决不接受任命。而胡刚复的条件是，国民党必须保证不以党务干预办学。

要求被满足了，胡刚复接受了聘请，出任浙江大学文理学院院长。

曾有浙大的学生回忆道："那个时候，大学部的老师好到什么程度我实在不知道。据说，像胡刚复那样的天才博士，在外国都是很少的。"

他在抗战期间主持浙大文理学院，被李约瑟称之为可与牛津、剑桥和哈佛相媲美。

他被委以"非常时期教育委员会常委"，负责迁校的具体事宜。

在西迁长达2 600公里的辗转流徙中，跨越6省，历时8年，物理系竟

* 留美期间的胡刚复

没有损坏一件玻璃仪器,没有丢失一根直尺而传为佳话。

西迁途中,一旦落脚,便考察校址。此时,胡刚复会展开双臂,紧贴在每个房间的墙壁上,连续翻转,房间面积即得,其用途也及时明确。这位当初探究世界科技前沿课题,博士论文分为三篇刊登在权威杂志《物理评论》上的院长,竟然事先测量好自己的臂展长度:约1.7米!

这无疑是对"身体力行"最好的注释。

要是身体成为应急的设备的话,仪器工具便信手拈来。

他曾打算在湄江上造一小型水电站发电并控制洪水水患,竟以其子的身高作为标尺来勘察环湄潭三面的湄江之水位落差。

以自身和家人为标尺的胡刚复,最终成为中国近代物理学的标尺。

一身傲骨,方能树立标尺。

这四个字是他1966年肾炎复发期间手书的,随后塞进书桌抽屉。在整理遗物时才被发现。

当年2月19日,带着实现科学救国、科学强国的梦想,胡刚复在天津市总医院告别人世。享年74岁。

1988年,中国物理学会为纪念胡刚复、饶毓泰、吴有训、叶企孙四位物

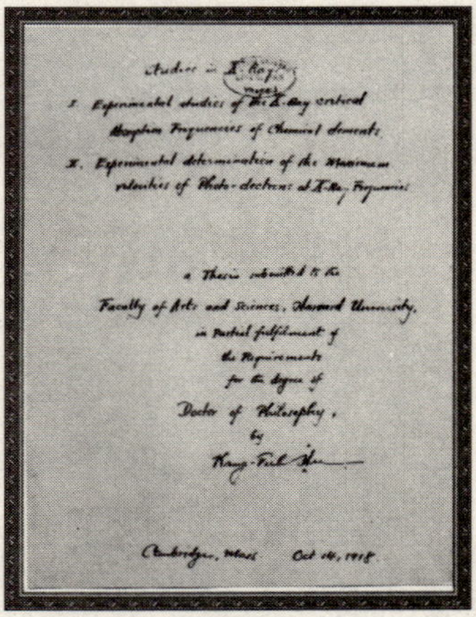
Studies in X-Rays
I. Experimental studies of the X-Ray critical absorption frequencies of chemical elements
II. Experimental determination of the maximum velocities of photo-electrons at X-Ray frequencies

a Thesis submitted to the
Faculty of Arts and Sciences, Harvard University,
in partial fulfilment of
the Requirements
for the degree of
Doctor of Philosophy,
by
Kang-Fuh Hu

Cambridge, Mass. Oct 14, 1918

* 胡刚复博士论文

理学界前辈，特别设立了胡刚复、饶毓泰、叶企孙、吴有训物理学奖。“胡刚复奖”授予实验技术方面有突出成就的物理学家。

这是对一位科学家、教育家最恰当的纪念。

根连无锡　魂牵上海

对于科学启蒙的执著，胡氏三兄弟秉承祖地无锡所受家学。

作为他们启蒙导师的父亲和叔父，尽瘁公益，倾家宅捐祖田以兴学，建天上市图书馆，家藏图籍文献悉数奉献，并创办胡氏公立蒙学堂，启发民智。彼时，有敢倡言兴新学开民智者，在朝视同谋逆，在野疑为病狂，而他们却赴汤蹈火在所不辞。

尤其是仲叔胡雨人。他排行老二，为人刚正不阿，嫉恶如仇，好打不平，敢作敢为，被称呼为“戆头二先生”。

1901年，胡明复胡刚复兄弟俩同入徐家汇南洋公学附属小学，因学业优异而跳班，次年一同升入南洋公学中学。南洋公学总理（校长）张元济对他俩喜爱有加，称其为“奇童”。

胡明复天性聪颖，“会弄锁、裹棕子、补衣裳”，尤其精于计算，只是“终日除读书衣食外无半语”。

聪明也多动，喜欢打闹。学校无奈，将胡明复打发回老家。

父亲遂将12岁的胡明复送到宜兴亿和成洋货号当小伙计，以示惩戒。一年半后，他再也不肯进店，一再恳求父亲和祖父送自己进学校读书，甚至甘愿进入当时儒家子弟不屑一顾的新式海军学堂。亿和成洋货号经理与胡家为世交，胡明复在店中显然是享受特别待遇的学徒。因好读新书及西文，被店中伙计称为“洋先生”。一年半以后，父亲说：“这孩子还是叫他出来，在那边只学了些大爷脾气，何尝学着生意？”但父亲对他还是不抱希望，视其为“最差”的学生，把他送入上海中等商业学校念书，随后又入南京高等商业学堂就读。不料，胡明复刻苦求学，成绩名列前茅，考入上海震旦公学。

1909年，听说弟弟刚复报考留美生，而且长兄敦复提供了复习资料，明复便按捺不住了，致函在“游美学务处”任职的敦复，表陈愿望，并希望长兄也惠寄资料。因其商科背景，敦复不从。明复于是在父亲和长兄之间不断周旋，最终得以获准。

胞姐胡彬夏历历在目，感慨万千：

“我兄妹中四个大的都在二十岁左右先后由政府资送美国留学，内中以三弟之应考最为劳苦。他不但十三四岁时因入店学习生意曾经停过学一年半，就是后来出来所进的中学及高等学堂，亦皆为商业专门学校，当然注重商业，忽略其他普通学科。他所习的科学，以与商业有关，偏重于实用方面者为多，与清华考试所应预备的科目完全不同……他一面在学校照常上课，一面自习代数、几何、三角理化等科。商业每天有七点钟的课，最后一年为将毕业的一年，功课尤重，但他从不缺课，每考总是第一。在这情景之下，他能于短时期将清华考试预备完好，应考中试，即自幼称为神童的大哥亦不得不惊奇叹服。”

翌年，作为第二届庚子赔款留美生，与同批考取的胡适、赵元任、竺可桢以及堂兄胡宪生、妹夫过探先等偕同赴美。

胡明复不愧为天才，尤其表现在数学。

在康奈尔大学学习商业经济期间，学校历年举办数学竞赛，明复屡屡夺魁。女儿说：“爸爸后来把三块金牌挂在我们子女三个的脖子上，说：‘爸爸不买金项链给你们，你们三人就戴上它留作纪念吧。’”

这位天才甚至把胡适置于困惑之中。

“宣统二年（1910年）7月，我到北京考留美官费。那一天，有人来说，发榜了。我坐上人力车去看榜，到史家胡同时，天已黑了。我拿了车上的灯，从榜尾倒看上去（因为我自信我考的很不好）。看完了一张榜，没有我的名字，我很失望。看过头上，才知道那一张是‘备取’的榜。我再拿灯照读那‘正取’的榜，仍是倒读上去。看到我的名字了！仔细一看，却是‘胡达’，不是‘胡适’。我再看上去，相隔很近，便是我的名字了。我抽了一口气，放下灯，仍坐原车回去了，心里却在想着，‘那个胡达不知是谁，几乎害我空高兴一场！’”

胡达就是胡明复，名达，字明复。

幸好两人均被录取，否则20世纪的中国，不是少了一位人文科学巨擘，就是缺了一位自然科学先驱。

1913年，胡明复与同坐一排的赵元任、胡适一起被选为Phi Beta Kappa（美国大学优秀生组织）会员。次年，他又与同学黄伯芹、金邦正一起入选Sigma Xi（一个科学研究团体）名誉会员，这足以让中国留学生在美国名牌大学风光了一番。

弟弟胡刚复同样是天才，也同样调皮。

初一时，他曾骑楼梯扶手速滑下楼，因冲撞校长而受罚，降级重回小学。好在他是过继给三叔的，在嗣父保护下未被停学。

1909年，胡刚复被录取为首批庚款留美学生，是首批留美生中年龄最小的一个。

兄弟俩年幼从无锡来沪。浦江畔，他俩接受了将近十年完整而又规范的教育，从小学直到大学。上海于是作为他俩金灿灿的少年时代的代名词。

留美学成之后他俩又先后归国，而且不偏不倚地回到上海，投奔大同。

尤其是胡明复，回国后呕心沥血地经营着大同大学和中国科学社，孜孜不倦地打造着海派梦想。

甚至在1927年初,北伐军抵沪后,一致推举胡明复为上海政治分会教育委员会第一任教育委员,他也力图为上海教育事业殚精竭虑。

小家、大同大学、中国科学社和上海,还有他的留美教育背景和国际学术声望,共同构成了他的海派梦。

这位被近代数学史家们视为“中国现代数学真正开始的标志”的时代急先锋,却把“叶落归根”的传统演绎得十分彻底。他不仅重回祖国的怀抱,扎根精神故乡上海,而且魂归祖地无锡。

正如任鸿隽,这位之后出任四川大学校长的学长所说:“胡明复君以天才绝学,以科学事业故,宁固守沪上,效死而勿去。”

只是,这种演绎让人悲戚,也令人垂涎。悲戚的是演绎得过于突兀,垂涎的是完美得近乎无瑕,传统得万般绝伦。

而时任大同大学校长的胡刚复倒是完全可以继续在上海筑巢,当初,他和竺可桢一起被列入国民党要求被转移的名单上,却遭遇他俩的坚决抵制。没料到,1949年,茅以升拉他去了北方。

相比两个天才弟弟,长兄胡敦复开蒙较迟,来沪求学亦缓。

1897年10月,年仅11岁的胡敦复告别故乡无锡,来沪求学。

当初,上海南洋公学刚设立外院才一年,作为附属小学的外院首次招生,在被录取的120名8—18岁考生中,胡敦复名列前茅。

外院生每日接受6小时课堂教育。上午3小时为中文课,分为地理、历史、读经,由公学的师范生轮流执教;下午3小时为西文西学课,分为英文文法、读本及笔算,由公学师范院的教师兼教。外加绘画等课程。所有课程均于月终考评,分门出榜,优异者发给奖银。学生强制性寄宿,作息严厉,不得出校。节假日回家须凭家长来信,并经学监核准后发给出门证,并于当日午后6时前返校。

或许正是这样的既封闭又开放的学校教育造就了胡敦复。

据《上海交通大学纪事》记载，1898年农历二月，外院各班中西功课月考和平时成绩排名，胡敦复获中学（即国学）第一、英文第三、数学第六，得奖洋一元三角。

次年春，就读外院仅半年，南洋公学成立中院（中学），他旋即被选入四班。

1899年9月6日，四班教习钮永建离校，由吴稚晖暂代。吴稚晖在为学生讲解严复所译《原富》时，崇尚会讲之法，由学生在教室轮番讲演，讲者先后继之，听者环而坐之，倘若讲演含糊，尚可质疑，形如西方议会，由此集全班智慧，人人开智受益。这种教学方法对当时的中国学校教育是完全崭新的。如何教如何学，潜移默化着胡敦复。

1901年8月，蔡元培受聘南洋公学特班总教习。特班之特在于，通过自由阅读各类书刊接受新思想。蔡元培便在这件合法外衣下，对学生展开爱国主义教育，传播民主思想。他谆谆教诲学生："你们将来出去办学校以外，还要唤醒民众，开发他们的知识。"胡敦复虽然不是特班学生，但与蔡元培过从甚密，深受影响。

那时，马相伯的家就安在南洋公学附近，蔡元培便介绍包括胡敦复在内的优秀弟子24名拜马相伯为师学习拉丁文。1935年，95岁的马相伯回忆此时此景，还赞不绝口：

"从前笑话我们的外国人，也不能不钦佩我们的青年学生的努力，胡敦复就是其中之一。还有，我教他们，除了拉丁文外，还有法文和数学……我的教法，完全和他们在学校所受的教育不同。譬如，数学吧，我教他们加减乘除，不但教他们演算的技术，并且教他们原理，使他们从根本上理解每一算术的作用，并且教他们用代数的方法演数学，他们都很能领悟。其中很有几个，后来都对于数理的研究有了深造。"

1902年11月5日，南洋公学发生了被称为中国学运史上“一声霹雳”的“墨水瓶事件”，全校200余学生同时退学，蔡元培也愤然辞职。胡敦复遂投奔马相伯在徐家汇天文台余屋新设立的震旦学院，是该校首批学生。

沪上，能够师从三位划时代的教育家，可以说是一种缘分——与恩师的缘分，与上海的缘分。

从此，胡敦复便深深沉浸于上海情结，愈陷愈深……

比如说，1903年。胡敦复到广州任教，两年之后就返沪，重新进入马相伯新创办的复旦公学就读，但未待毕业便赴美。回国之后，原本可以在清华大展宏图，不料，与美方人员对峙，他又阴差阳错地回到上海，在上海成就了他的伟业。

1925年1月6日，北洋政府教育部任命胡敦复为国立东南大学校长，他没有赴任。

是年8月29日，北洋政府教育部又任命他为国立北京女子师范大学校长，1927年秋又兼任北洋大学职务。但种种原因，他不辞而别，在美国逛了一圈之后，1928年又返回到上海。此后，直到1945年，哪怕是上海沦陷，也没有离开这座城市。

上海，俨然成为他大同梦的原点。回到原点，方可撬动他的梦想。

要不是儿子1949年邀请他去台湾休养，他也会像弟弟胡刚复那样，为新中国效力，也许会是留在上海。

翌年，他欣然接受华盛顿州立大学之聘出任客座教授，1962年退休。此时，胡敦复已76岁高龄了。

但是，老骥伏枥，志在千里，烈士暮年，壮心不已。晚年的胡敦复，这位两度出任校长（1912—1927；1941—1945）长达20年的大同创始人，在大洋彼岸，日夜魂牵梦绕着那个根植于海派精神的“大同”世界，甚至一度试图在台湾和美国复兴“大同”，愿未遂。

在生命最后的那些日子，人们看见，正午，这位耄耋老人独自坐在阳光明媚的窗前，布满老年斑的双手紧紧攥着一张早已褪色了的黑白照片，是学校创办初期教工合影，用颤巍巍的手指摩挲着，像抚摸新生婴儿那样，柔情似水，一遍又一遍……

和煦的阳光把一个世纪老人的世纪梦捂得暖洋洋热乎乎欢腾腾的。

和煦的阳光把66年前肇周路南阳里的那幢清一色的石库门幻化为缤纷的海派梦。

1978年12月1日，西雅图。

92岁的胡敦复带着这份遗憾，带着这份思念，带着这份梦想，带着他毕生功勋，安详地告别人世，去追寻他另一个世界的“大同”。

* 大同大学校门（肇周路南阳里）

第五章

为了沪江精神而血洒浦江

1928年,32岁的留美博士刘湛恩出任沪江大学首任华人校长。在任十年，该校由教会大学成为爱国救亡的教育基地。积极、前进、建设、牺牲为沪江精神。1938年，惨遭日伪暗杀。夫人挥泪改名，冠以夫姓，承传其未竟之事业……

1943年9月，国民党第三次反共高潮。

陪都重庆，三届二次国民参政会议召开。

总参谋长兼军政部长何应钦作军事报告。

大会堂外面，哨岗林立，戒备森严。大会堂内部，密云不雨，如坐针毡。

报告的目的只有一个，诬蔑诽谤中国共产党和八路军，继续推进当年6月召开的国民党十一中全会的反共路线。

代表中共出席的参政员董必武当场义正严词，痛斥反共谰言，把何应钦的报告驳斥得体无完肤。

话音刚落，一位外貌端庄、气质高雅的女参政员疾步登台。

她怒容满面却正气凛然，刚毅地责问道：

“为何避而不谈八路军、新四军前线抗日、浴血奋战的英勇事迹？”

并剑指何应钦：

“颠倒黑白，混淆是非，有意制造摩擦，破坏团结。”

个个字正腔圆。

何应钦顿时哑然。

会后，她被撤销参政员资格。

有人赶紧对她的“出言不逊”而可能导致的“招灾惹祸”惴惴不安，她却无所畏惧：

“我为的是国家和人民，怕什么？大不了坐牢杀头就是了。”

这位仗义执言的女参政员叫刘王立明，第一、二、三届国民参政员。

1981年3月18日，刘王立明追悼会在京举行。邓颖超、乌兰夫、刘澜涛、李维汉、庄希泉、荣毅仁、胡愈之等党和国家领导人敬送花圈。史良、季方、胡子昂等民主党派领袖出席。时任政协全国委员会副主席、全国妇联主席康克清主持追悼会，民盟中央副主席楚图南致悼词。

《人民日报》作了详尽报道，称她为“前政协全国委员会常务委员、全国妇联常务委员、民盟中央委员、中华妇女节制会会长、世界妇女节制会副主席刘王立明同志”。

悼词中特别提及，她“秉承她丈夫的遗志”。

她的魄力，她的胆识，她的勇气，她一生的成就，以及她的姓氏，均与她的先夫难以割裂。

刘湛恩。

他俩年少时相识在九江，青年时重逢在芝加哥。他乡遇故知，备感亲切，感情与日俱增，遂生爱意，即刻在芝加哥订婚。1923年，时任南京东南大学教授的刘湛恩和中华妇女节制会会长王立明结为伉俪。

这个中华妇女节制会是我国最早反对封建包办婚姻和娼妓制度、最先倡导节制生育和妇婴卫生，以及第一个提出妇女禁烟和禁酒的社会团体，在中国妇女运动史和妇女教育史上占有举足轻重的地位。

王立明曾对该会进行过这样的定位：

“这会以家庭为国家的基础，故现今是以‘促进家庭幸福’为宗旨，‘拒绝烟酒赌邪，提倡慈孝贞俭’为方法，‘家齐国治而后天下平’为口号。”

* 自左至右：刘王立明、刘清杨、张澜、史良、李文宜

与刘湛恩的结合可以说是最佳的践行。她不时陶醉于家庭的幸福之中：

“民国十七年春外子任沪江大学校长，此校有学生1 000余人，校园宽大，教员均当代名流，真不负高深学府之盛名。我现有3个小孩子，长子光生，年7岁，次子光华，年5岁，幼女光坤，年3岁。”

她所描述的场景是1928年。是年，刘湛恩出任沪江大学校长。

这是王立明一生当中最灿烂最值得珍藏的日子，一头连接着幸福，另一头连接这一个人、一座城市和一所大学。

教会大学　华人校长

20世纪初期，上海吴淞口。

船只频繁出入。

途经市区东北角，一幅绿草如茵、柳杨飘舞、鸟语花香、绿树红墙、幽雅妩媚的画卷便在船员和乘客眼前徐徐展开，四十余幢新英格兰风格的哥特式洋楼亭亭玉立，众人无不啧啧赞叹。

它就是以“我们的大家庭”而有口皆碑的沪江大学。

对于学校的选址，曾担任过沪江大学教授的美国作家海波士在《沪江大学》一书中做了生动的描述：

“在1905年的一个炎炎夏日，十个兴致勃勃的人在上海郊外黄浦江边的一片沼泽地上，穿行于高达10米的芦苇丛中。这不是块很理想的地方，除了一条羊肠小道之外没有别的道路，最糟糕的是滩涂地土质松软，没有可供建筑的坚实地基。但是，这块地却有一个优点，就是对黄浦江这条上海大都市与世界商业往来的通道一览无余。而这些人看到了一些混浊的江水里尚未显现的东西。他们看到了贴近一个有朝一日将成为世界最大都市之一的城市的各种好处。他们看到了拥有无穷资源和亿万人口的中国广袤土地,而这个大都市是它的一个大门。

每一艘开往上海的轮船都必须在这所大学的视线内经过,在这样一个校园里,任何有思想的学生都不能不感到自己生活在一个大的世界里。”

上海是中国的门户,吴淞口是上海的门户,而衔接这两个标志性地理位置的那块土地,理应矗立着上海的地标——一所大学,一所中国人的大学,一所海派的大学。

可是,创办这所大学的是外国人。

1900年,庚子之乱。

在江苏传教的美南浸信会(Southern Baptist Convention)的华中差会,和在浙江传教的美国浸礼会海外传教士联盟(American Baptist Missionary Union)北方组织(1907年组成美北浸礼会,Northern Baptist Convention)的华东差会,其成员纷纷来沪避难。

1906年,在北四川路北端,浸会神学院(Shanghai Baptist Theological Seminary)建立,校长是美南浸信会传教士万应远博士(Dr. Robert Thomas Bryan)。

1909年,浸会大学堂(Shanghai Baptist College)成立,校长是美北浸礼会传教士柏高德博士(Dr. John T. Proctor)。

两校于1911年合并组建为上海浸会大学(Shanghai Baptist College and Theological Seminary),校长为美北浸礼会传教士魏馥兰(Francis John White)。1914年中文校名定为沪江大学,并确定校训为“信、义、勤、爱”。1917年开始由美国弗吉尼亚州颁发学位。

靠在美国注册的校董会募集资金,这所外国人的沪江大学在短时间内发展成为上海高等教育的一把标杆。不过,学校办得再出类拔萃,这毕

* 沪江大学校园建筑

竟不是中国人的沪江大学，而且宗教气息浓郁。

20世纪20年代，收回教育主权运动如火如荼。

1926年10月，南方国民政府颁布《私立学校规程》，规定教会学校必须接受政府的监督指导；校长、校董会主席及多数会员必须是华人；不得以宗教科目为必修科，亦不得在课内作宗教宣传；不得强迫学生参加宗教仪式，等等。

1928年1月，沪江大学校董会决定，聘请毕业于美国哥伦比亚大学哲学系、时任光华大学校董的刘湛恩博士为校长。

年仅32岁的刘湛恩是沪江大学历史上首位华人校长。

2月20日，魏馥兰博士，这位审时度势、很早就宣布辞职并主张由华人出任校长职务的老校长，向沪江大学师生作最后一次校长报告，欣然说道：

* 1927年的沪江大学校门

“当我在1911年成为校长时，我希望在5年或最多10年内可以找到一位华人接任这个校长职位。过了17年，终于找到了一位合适的人——刘湛恩博士。”

所谓“合适”，指的是刘湛恩成长的基督教背景，与炫耀的哥伦比亚大学哲学博士学位，以及他如白纸一般的政治生涯。于是，作为校长人选，刘湛恩不仅获得创办该校的美方两派教会的一致认可，更赢得中方上下的热烈首肯。

五天之后，沪江大学出现了一张题为“欢送旧校长欢迎新校长游艺大会”的海报。

大学院院长蔡元培、工商部部长孔祥熙、上海市市长张定潘、卫戍司令熊式辉、教育局局长鲁继曾等国民政府要员，郭秉文、李登辉、李权时、朱经农、潘序伦等文化界教育界名流出席。

在题为《大学的使命》的就职演说中，刘湛恩称大学具有培养人才、研究学术和改造社会的三重使命，“沪大向来抱此使命进行，此后当努力并望国人予以赞助，以期发扬光大”。

1929年3月8日，国民政府教育部正式批准沪江大学立案。自此，该校拥有独立法人的资格，英文校名也改为University of Shanghai。沪江大学成为国内首批、上海首所立案的教会大学。

随即，刘湛恩推行沪江大学“更为中国化”，致力革新校务，强调师生团结，弘扬学术自由。

他竭力展开去宗教化工作，强调教学工作的独立性，避免教会对教学的干预，改革陈旧的规章制度。他把宗教课程改为选修课，不计学分。每星期日的礼拜活动，亦改为自愿参加。

他重视师资建设，聘请涂羽卿、余日宣、徐作和、蔡尚思等才子名家任教，与协和医学院协商，协和承认沪江的学分，沪江学生经考核合格，可进协和医学院继续攻读。同时，他还增设了大量新专业，如商科的工商管

* 刘湛恩受聘担任沪江大学校长

理、国际贸易、银行、会计等，化学系外又另设生物系。

他强调理论与实际相结合，课堂与社会相呼应，注意加强商科各专业与上海工商企业金融机构的联系，并建立自幼稚园到高中一整套教学实验体系。

他提倡厚基础，宽口径，文理相通，普及英语。书法研究会、健美学会、口琴会、英美文学会、英文剧社、网球队、排球队、足球队、男女篮球队、田径队、女子体育促进会等学生课外组织，成全了学生的全面发展。尤其是体育，沪江大学作为华东地区一支劲旅，在华东八大学体育赛事中，屡夺锦标。校足球队队员张邦伦此后成长为上海著名足球运动员。每逢举办运动会，全校上下，万人争睹。

1929年入学的新生赵竹光，体弱多病。在校期间，阅读到美国一家健身学院的函授教材，名为《肌肉发达法》（**英语版**），竟苦练出一身肌肉。沪江大学学生群起仿效，刹那间，健美运动在沪江大学内形成热潮。由他发起的沪江大学健美会也于1930年成立，这是中国第一个近代健身组织。

* 赵竹光

这位之后被誉为“中国健美运动之父”的沪江大学学生不但首创“健美”概念，还一手创办了上海健身学院——中国第一家用近代科学方法指导身体锻炼的学校。

他代表沪江大学健美会这样写道：

“……这是我们的第一声，不是鹿鸣，而是巨狮的雄吼。这种充满生命力的洪声，可以引领垂死的人们重新获得他们的生命，可以令醉生梦死的人们惊醒。这是四万万五千万同胞的福音。在这里，我们可以得到滋润灵魂的补品；从这里，我们可以尝到生命之甘泉。”

这是刘湛恩领导下的沪江大学学生的共同心声。

为了扩建校舍和购置一流实验仪器设备，他多次出国考察、募款。由于当时沪江大学的经济大权掌握在代表教会利益的美国人手中，他还经常为基建和设备采购与美籍财会力争。

刘湛恩就任校长后，主持建造了大学图书馆、教员住宅楼、女生健身房、男生新膳堂及大礼堂等。1936年，沪江三十周年校庆之际，校舍从最初的思晏堂等3栋增至怀德堂、思雷堂等44栋，校园面积几乎翻了十番。学生总数已从建校初期的7人增至631人，教师从6名上升为57名。

刘湛恩的这些改革举措，使沪江大学以学风纯朴闻名，较少教会气，更多中国化。商科和化学系尤为突出，在教学水平上居上海各大学之首。

刘湛恩因而被称誉为教育界之奇才，“学府明镜”。

幼年艰辛　成年扶弱

倡导社会服务，提倡勤工俭学，实施平民化教育，是沪江大学的一大特色。

作为教会大学，沪江是最早开展社会工作的学校。创办之初即组织学生在学校周边地区布道，为平民治病、办学、扫盲。1915年，校内成立了沪江社会服务团，组织学生展开社会调查和社会实践。

1917年，学校在杨树浦（今杨浦区眉州路一带）开辟了中国第一个大学社会实验基地——沪东公社（The Yangtzepoo Social Center）。这是一个以宣传基督教教义为主，同时兼办社会福利的教育机构，旨在为学生提供全方位接触社会现实、培养服务精神的实践平台，使“大家庭”精神从校内传扬到校外。

而刘湛恩就任校长后，沪东公社迅猛腾飞。

沪东公社以中外企业的赞助和学校师生的捐助为依托，义务开办男童学校、女童学校和工人夜校，在当地工人及其子女中普及科学文化知识，并开设缝纫、编结、刺绣、家政等职业技术课，进而创办幼儿园和中学，组织文体娱乐活动，放映幻灯片、电影等。除此之外，还开办了医院和诊所，免费为周围工人及附近农民施医送药。

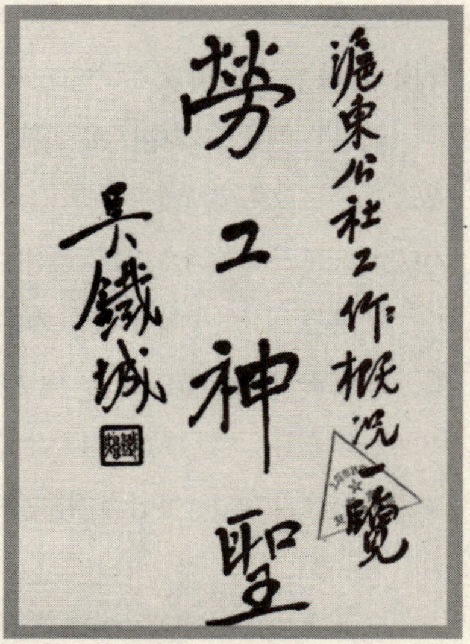

* 时任上海市市长吴铁城为沪东公社题词

1932年，刘湛恩力排众议，在临近上海市区商业中心的圆明园路真光大楼创办了沪江商学院，又称城中区商学院。聘请朱博泉为院长，延聘杨端六、杨汝梅、杨荫溥、李权时、郭步陶、陆梅僧、汪英宾、黄天鹏、马崇淦等学者任教。不久，杨树浦校本部的商学院并入。沪江商学院除大学本科4个系外，并为在职青年设置大学专修科、普通科和单科训练的特科。

授课由在职青年学生和在职教师来完成，所以，城中区商学院充分利用夜间业余时间展开教学活动。在职青年踊跃报名，第二学期即达500多名，占沪江大学全校学生半数以上，超过了校本部。上海工商界徐寄庼、刘鸿生、吴蕴初、王志莘等著名人士也给予赞助和支持。他们捐资并提供师资、教材，鼓励自己企业中的青年职工报考，并设置奖学金。杨汝梅、孔士谔、孙瑞璜、韦悫、杨荫溥、俞颂华、章乃器、潘序伦等社会名流也纷纷加入教师队伍。

城中区商学院为当时上海的建设与发展培养了一大批受过高等教育的工商企业管理和财会人才，同时也扩大了沪江大学的社会影响。该学院不但成为沪江大学最负盛名的学院，而且还创造性地打破传统高等教育模式，被誉为我国夜大学的发端。

刘湛恩创设的城中区商学院，其创举不仅仅体现在夜大学上，即教育模式从全日制到业余制，教育对象从应届中学毕业生到在职青年，而且还为广大家境贫寒好学的青年提供优质教育。

刘湛恩认为，学校不应专为中上层人士的子弟服务，也应面向贫寒子弟。他在沪江大学设置了多种奖学金、助学金，并大力提倡半工半读，以帮助家境贫困、学习勤奋的学生修完学业。个别学生寒暑假因无法承担路费而无法回家，他便让学生住在自己家中。这些学生毕业后求职，也是他所关心的。

在沪东公社，贫困学生担任职员或教员，既可半工半读，又可学以致用。

* 刘湛恩去世当年沪江大学城中区商学院毕业照

他的这些平民意识来自于他自身的经历。

刘湛恩，出生于一个湖北阳新县山区（刘福七房）。

阳新，北临长江，西邻汉阳，矿藏丰盈，尤以煤、银为多。洋务运动促进采矿业兴起，外商与基督教也接踵而至。

世纪之交，当地已教堂林立，教会学校遍布。

刘湛恩的父亲是美国浸礼会的布道师和宣教师，外祖父也是基督徒。也算是个基督教世家。

祖父刘材绍是“庠生”（即秀才），受其影响，父亲刘会坌勤奋好学。

不料，天有不测。刘湛恩4岁丧父。然而，更有甚者，作为遗孀，母亲罗芬清惨遭族人逼嫁，而族人仅仅是为侵占几亩薄田。于是，她一手牵着刘湛恩，一手紧抱着尚在襁褓中的妹妹，肩上扛着仅有的家当，开始了逃亡。

步行百里至汉阳，举目无亲，幸好谋得汉阳医院的一份佣工差事。

穷人的孩子早当家。

刘湛恩挎着竹篮，整天沿街叫卖烧饼油条。

母亲心灵手巧，吃苦耐劳，勤学好问，逐步从杂役升为护士而护士长。

刘湛恩也的确遗传了母亲的长处，天资聪颖，艰苦奋斗，兢兢业业，锲而不舍，由此也获得女医生艾米莉 · 白桃博士（Dr. Emilie Bretthauer）的关注与关爱。刘湛恩得以进入就近的教会小学——汉阳小学。

汉阳医院其实是一家教会医院。刘湛恩虽然立志从医，但宗教的潜移默化促使他走上了虔诚的基督教徒的道路。

12岁时，在白桃博士的力荐之下，刘湛恩跳级到教会开办的九江同文书院学习。5年后毕业，遂被保送进由监理会（The Methodist Episcopal Church, South）创办的苏州东吴大学。1915年，作为东吴大学医预科优秀毕业生，刘湛恩获得奖学金，赴美国留学。

留美期间，为了维持日常开支，不论打字或当家庭教师、佣工、饭店侍役，乃至农场季节工，不论洗衣擦鞋还是修枝刈草，一概以苦为乐。

因为有了这段身世，刘湛恩总是抱着一颗平民的心投身教育事业，为贫寒弟子办好一所一流大学。

在实践中如此，在理论上亦然。

比如对教育影响巨大的心理测量吧。这个领域始终以西方人为瞻。刘湛恩则持不同观点，从中国民间挖掘心理测量的宝藏。他认为，民间流行的九连环，其设计之巧妙，完全可与西方现代的魔方魔棍相媲美。而七巧板的操作亦属于典型的发散式思维活动，是形象转化。西方直到1914年才出现五巧板。七巧板与九连环可视作创造力测验的最早方案之一。于是，他以英语撰写了《中国人用的非文字智力测验》，把七巧板、九连环推介到国外。20世纪心理学大师、美国心理学会前任主席武德沃斯

(Robert Sessions Woodworth)对九连环大加赞赏，把它称作“中阻式的述律”。

当初，黄万里从无锡实业学校毕业，父亲黄炎培特别请刘湛恩考查一下，何种专业适宜这位三公子。刘湛恩的结论是：宜学文学。尽管信奉职业教育的黄炎培最终还是为儿子选择了工科，并造就了我国水利泰斗，但是，黄万里的诗文造诣的确出众。

刘湛恩，慧眼。

夫唱妇随　共筑博爱

刘湛恩给学生的印象是，身着哔叽长袍，鼻架玳瑁眼镜，笑容可掬，敦厚谦和。

时人赞他“为人活泼，勤能言谈，识见均有动人之处，持见识并无深刻卓绝之点，言论轻活而乏诚挚，然亦不易得之社会的人物也”。

校内，不管是达官巨贾的子女抑或打杂校工，一律以礼相待，完全渗透着平等精神。因其言传身教，新、老学生之间，级与级、班与班之间，互助友爱蔚然成风。

他还常把学生请到家中做客，谈笑风生，唱歌游戏，视同知己。

据当时就读于沪江大学附属中学的学生吕子韬回忆，某个周末，初中部童子军演练并露营一晚。收场时，他与另两位同学对露营尚有余兴，便藏匿了一顶营帐。三人于江畔草坪上支起帐篷，随后拾起许多干树枝置于帐前，欲等夜幕降临，点燃篝火取乐。适逢刘湛恩夫妇携手在江边散步，见到有一营帐独自支着，便走下堤来，往帐篷里张望，一见是三少年，知是中学生，便在草坪上席地而坐，海阔天空地聊了起来。

* 刘湛恩

夫人王立明始终一边站着，慈祥的目光抚摸着师生四人。

就这样，刘湛恩与王立明夫妇营造了一种“沪江大家庭”精神。

王立明出生于皖西南边陲、大别山南麓的太湖县花园杨铭屋。以《本草》、《汤头歌诀》等医书为课本，父亲，一个名传乡里的郎中，抱着7岁的她认字习文。然而，父亲早逝使她的童年蒙受艰难。

但王立明聪慧过人，发愤自强。10岁进入教会在太湖县城开办的一所免费的福音堂小学。教会随后破例保送她到九江儒励书院深造。这可是方圆千里之内独一无二的女子中学，设在当时皖赣鄂三省交界的地区。因品学兼优，王立明免交学宿、伙食费。她20岁留校任教。

如果说，儒励书院是她成才的起点，那么，世界妇女节制会就是她事业的原点。

世界妇女节制会（Women Temperance Association）是一个成立于1882年的世界性基督教妇女解放组织，总部设在美国，有72个会员国。

1915年，该会在学校发展会员时，王立明带头报名。

“我的亲友中有好几位是蓄婢纳妾的。当时那辈婢妾们的痛苦，她们所流出来的眼泪，以及她们的惨死，已惹起了我深切的同情；我的第一个志愿，就是要在长大成人以后，从事妇女运动，为这辈人申雪冤仇。”

华夏大地，礼教吃人，目睹甚或亲历此类人间惨剧，何止王立明一人。然而，她却成了时代的先锋。

翌年，她以该会代表资格赴美参加世界妇女节制会议。由此，她与妇女运动便结下终生的缘分。

这种缘分可以说是历史耦合，但更应该说是一种性格的使然。

1909年，12岁的她置母亲的责打和邻里的讪笑于不顾，首当其冲，毅然扯掉了束缚与压制女性的裹脚布，整个太湖县城一片哗然。

革命需要感性，更需要理性。

于是，王立明立志科学救国。

赴美参加世界妇女节制会议那一年，她又考取留美奖学金。四年后，获取美国西北大学生物专业硕士学位。当年回国。

“回国那天，适逢阴雨，到岸后，那苦力的呼声，乞丐的骚扰，以及街道的污秽，到今日还在我的记忆中。社会改革，既是我的志愿，所以虽然当时东南大学等处请我教书，薪俸颇厚，我却一一婉谢，并将妇女节制会的使命担任起来。”

科学救国，教育救国，固然迫切，但往往不可立竿见影，于是，王立明寻求第三条途径来改变社会。

那就是妇女运动。

回国当年，在世界妇女节制会的支持下，王立明在上海创立中华妇女节制会，视妇女解放运动事业为终生事业。

“……我在本国游行了四省，我演讲的听众大约有十数万人。内地因为少有妇女登台演讲，所以听众倒是异常的拥挤，并且有时一天还要讲五六次。”

此外，王立明在全国各地创办一系列妇女机构，如妇女职业学校、妇女文化补习学校、妇女工艺生产社、妇女赈济工业社。

上海给她提供了更为宽广的舞台。

在上海，她创办了专为单身妇女解决食宿困难的女子公寓，在江湾设立妇孺教养院，收容大批流离失所的妇女儿童，并给予一定的职业训练和文化教育。

1924年，她与向警予、刘清扬、张琴秋等人共同组织了上海女界国民会议促成会，发表宣言，明确提出国民会议应有妇女团体参加，一切公私法律凡有碍于女权发展者应一律废除，订立男女平权及特别促进女权发展的宪法与法律。

在当初那个封建势力尚能轻而易举地泯灭一个生命的年代，一位羸弱女子何以如此大刀阔斧推进社会变革？

王立明以中华妇女典型的贤惠品格，毫无保留地把功劳归于自己的丈夫。

在《中国妇女运动》一书自序中，她说道：

“当然我更要感谢的是我那位真诚热爱的外子，刘湛恩先生，由他在教育上的经验，他不但知道男女在智力上是平等，并承认女子有她独立的思想，独立的人格，在与男子同样的机会之下，能够创立伟业，服务人类。因为他的同情、合作、批评与鼓励，著者不但有兴趣和机会去参加各种妇女运动，并能在他这次未出国出席加拿大的太平洋国际学会及至欧美各

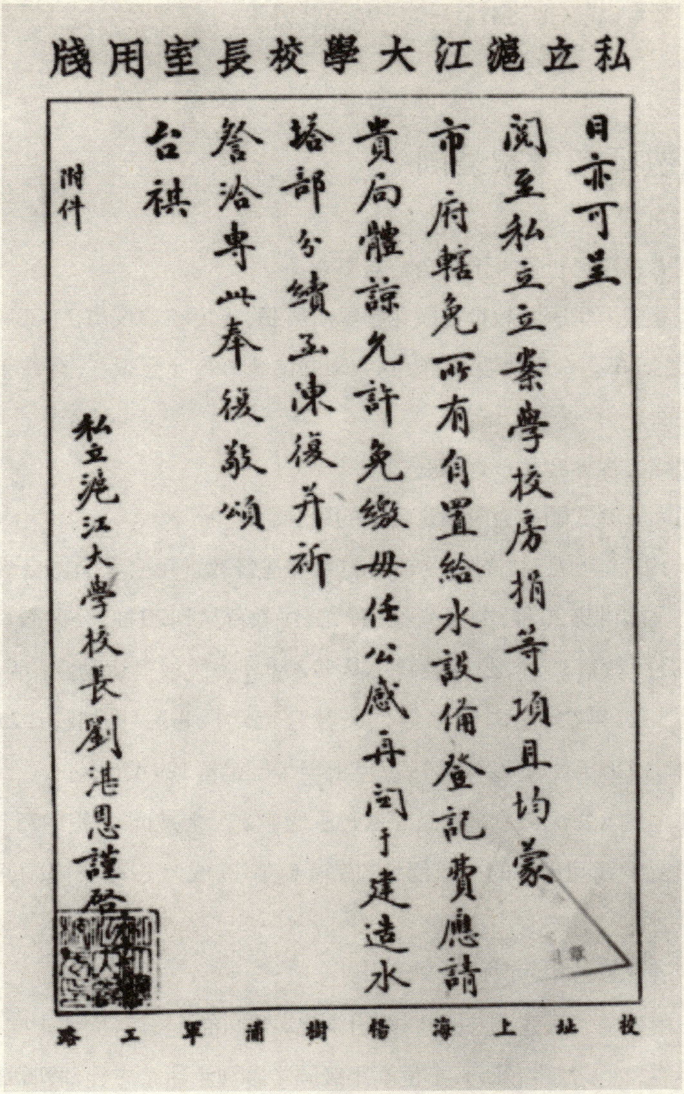

私立滬江大學校長室用箋

日亦可呈
閱至私立立案學校房捐等項且均蒙
市府轄免所有自置給水設備登記費應請
貴局體諒允許免繳毋任公感再闻于建造水
塔部分續予陳復并祈
詧洽専此奉復敬頌
台祺
附件

私立滬江大學校長劉湛恩謹啟

校址上海楊樹浦軍工路

* 刘湛恩手稿

国考察教育以前，把这书最后的一页写好。”

敬生敬师　爱家爱国

刘湛恩自己也投身于社会公益事业。

他兼任中华职业教育社职业指导所所长、上海市参议员、工部局教育处委员、青年会全国协会董事、商务印书馆董事等社会职务，奔波于社会各个层面。

他始终视社会为一大家庭。

而大家庭式的社会应该是公民的社会。

到1927年6月，由刘湛恩领衔的中华基督教青年会全国协会教育部出版公民演讲集20种，公民测验1种，公民教育丛刊20种，公民教育唱本16种，公民教育15种，公民教育小丛书20种，公民教育运动宣传品5种。刘湛恩1927年在《全国青年会公民教育运动报告》中记载，1925年为9 288本，1926年为32 724本，1927年上半年已销售129 476本。

其中的《公民诗歌》收录了《七子之歌》。这是闻一多1925年3月在美国留学期间创作的一首组诗，首篇《澳门》成为1999年澳门回归的主题歌。

刘湛恩胆略和远识可见一斑。

正因为是大家庭，他便时时嘱咐学生，不能囿于校园，而要走向社会。1937年春，他亲自带领四五十位高年级同学参观生活杂志社，聆听邹韬奋的真知灼见。

他还谆谆教诲在大城市生长的同学，特别是在殖民地租界生活的，应更多到中国内地去看看。为此，他创立了沪江大学边疆问题研究社，激励学生饱览祖国大好河山，体察国情民情。

1936年8月，该社组织了西北考察团一行十八人，到河南、陕西访问，受到时任陕西省主席邵力子和张学良将军的接待。

恰好是“西安事变”前四个月。

同学们竞相就东三省沦陷责问张学良。此时，这位少帅心情异常沉重，沉默片刻，“唉！”了一声，便垂下了头，泪水夺眶而出。终于，他鼓足勇气，以十分肯定的语调说：“这个问题要我张学良负责，我确负不起呀，当时是奉命撤退的。在我个人来说，是国仇家恨集于一身，我哪会不抵抗呢？我是被迫撤兵的。多年来，特别近年来，我也是逼切期望着打回老家去，否则对不起三千万东北同胞、父老。撤军，在我来说是违心的、被逼的，怎能叫我张学良负责呢？至于舆论对我个人的指责，那是促我省悟的动力，我并不责怪他们。”

随后，同学问到中国之命运。张学良毫不迟疑地答道：“我个人认为中国最主要最关键的问题是全国团结一致，共同抵抗日本帝国主义的侵略，如果能够提出‘抗日’这个主张，全国就会消除分歧，就会同心同德，一致抗日，其他问题就会容易解决的。如果中央提出抗日的主张，我张学良愿为前锋，赴汤蹈火，在所不辞。”他的斩钉截铁获得了学生们的掌声。

与祖国的命运同呼吸，这样的学习机会，如今的大学生能有几人体味？

是刘湛恩给学生们创设了爱国主义教育的条件。

他早年接受“教育救国”思想，抵美后，他便弃医从教，离开芝加哥鲁丝医学院，改入芝加哥大学教育系。1918年毕业后，又进久负盛名的哥伦比亚大学教育学院继续深造，师从保罗·孟禄（Paul Monroe）。

巴黎和会之际，刘湛恩还在美国。

在这次帝国主义丑陋的交易会上，胶东半岛从德国的虎口落到了日本的魔掌。

此时，九国会议在华盛顿举行，商讨第一次世界大战后巴黎和会所遗留的问题。会议闭幕前夕，就《九国公约》，美国总统威尔逊在华盛顿对公众发表演说，宣扬会议的成就和美国的公道。

刘湛恩在人群中振臂高呼：“我们的山东省怎样啦？我们决不同意！”

他的爱国举动，在美国特工人员眼中，竟然成了罪名，以致被捕。后经中国留学生及侨胞联名抗议才获释。

1921年，作为中国政府代表团的秘书和中国学生团体的代表，刘湛恩出席了关于裁军和远东问题的华盛顿会议。他对战争与和平，以及中国的命运，有了更深的认识。

为了教育救国，1922年，荣获哥伦比亚大学哲学博士学位的刘湛恩毅然返回祖国。

次年抵沪，任中华基督教青年会全国协会教育部总干事，宣传“教育救国”、“公民教育”，提倡举办职业学校和文化补习学校。一旦有学生因

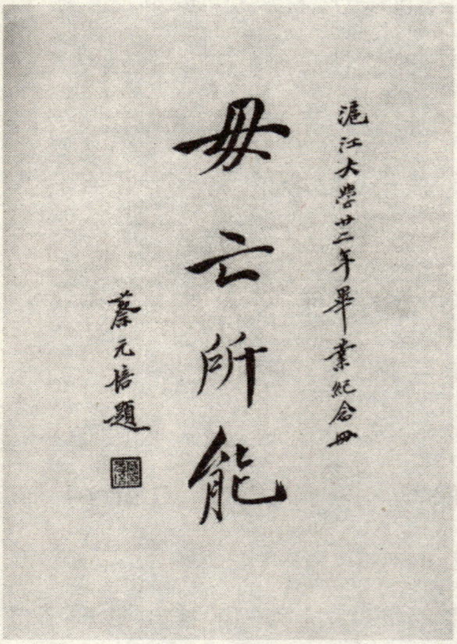

* 蔡元培题词

参与爱国民主活动而遭受校方阻挠甚至危及毕业，刘湛恩便与校方展开针锋相对的斗争，以保证这些爱国学生顺利毕业。

1925年5月，五卅惨案震惊中外。

圣约翰大学内，中国师生集会升半旗以示哀悼，美籍校长卜舫济（Francis Lister Hawks Pott）竟当众践踏中国国旗，全校爱国师生愤而退出该校，自行组织光华大学。身为中华基督教青年会全国协会教育部总干事，刘湛恩顶着教会的重重压力，积极协助建校，并担任光华大学校董兼教授，并把呱呱坠地的次子取名为“刘光华”。

对他来说，爱国远远甚于爱教。

宗教代表着一种博爱精神，博爱是无疆的，而国家是有边际的。

翌年，刘湛恩率团出席了在芬兰赫尔辛基举行的世界基督教青年会大会。他深知，如何在这个无疆的领域界定爱国的边际。

这个无疆的领域既指宗教，更指教育。

沪江精神　爱洒申城

爱国压倒一切，在九一八事变后尤为凸现。

那是国难当头救亡图存的年代。

1931年10月，刘湛恩与上海文化界马相伯、沈钧儒、周建人、陶行知、邹韬奋、章乃器、郑振铎等283人联合发表《上海文化界救国运动宣言》：

“……一个民族有它人格的尊严，有它生存的权利……‘九一八’以后的忍辱妥协谦让，不仅没有满足侵略者无餍之求，并且快要把我们的民族沦于万劫不复的地位，因此我们站在真理的立场，主张全国民众一致起来……坚决地作勇敢的反抗……我们决定尽我们的力量，去作这个伟大的反抗运动的后盾。”

1935年，华北事变。

是年，一二·九学生爱国运动爆发。

沪江大学部分学生以宗教信仰为由逃避抗战，刘湛恩随即召集团契负责人陈善祥等举行“八福团契”聚会，多次邀请冯玉祥以及陶行知、李公朴等爱国人士到沪大演讲“国难教育”，创办刊物《角声》，号召基督教徒投入抗日救国行列，声援东北义勇军等活动。

同年12月14日，他又和上海各大学校长李登辉、何炳松等十余人面访上海市市长吴铁城，提出“保持行政统一、领土完整、言论自由、外交公开”等爱国倡议。

12月17日，上海基督教著名人士刘湛恩、李登辉、吴耀宗、沈体兰、刘良模等二十八人，就当时“华北特殊化”问题及一二·九学生运动，联名发表宣言，呼吁团结起来，共纾国难，挽救危亡。

* 1937年沪江大学年刊

翌年8月，以“集合全国人民为废止内战之运动”为宗旨，刘湛恩与各界名流共同组织了声势浩大的废止内战大同盟会，主张废除不平等条约，反对新旧军阀的混战。

此外，刘湛恩充分利用他个人的国际背景，奔走呼号。

一旦遇上出国考察和参加国际会议等机会，他便在世界各地揭露日本帝国主义对中国的侵略行径，还奔赴南洋，动员侨胞支援祖国抗战，慷慨陈词，声泪俱下。

在国内，他广泛联系在沪的国际知名人士和外国记者、作家，宣传抗日，争取国际舆论的同情和支持，时称“在野外交”。日军南京大屠杀罪证照片，就是由当时滞留在南京城里的一些富有正义感的外国记者和教会人士拍摄，辗转交给刘湛恩保存并秘密送出并公诸于世。

通过刘湛恩的帮助，上海文化界救亡协会在沪江大学城中区商学院举办了社会科学讲习所，以提高学生的爱国觉悟。胡愈之、陈望道、郑振

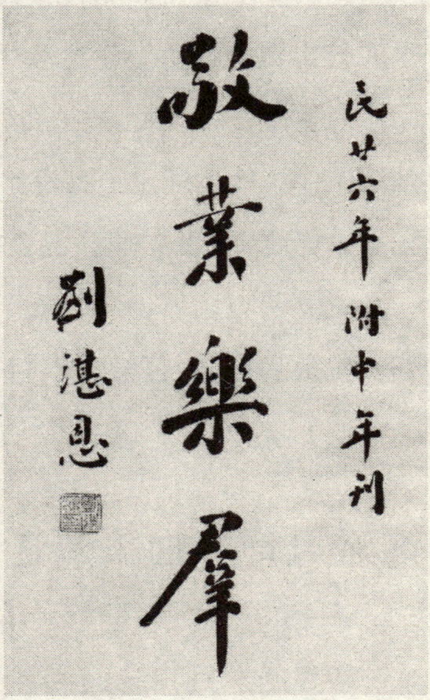

* 刘湛恩为附中年刊题词

铎、周予同、严景耀、余日宣等专家学者，讲授有关中国近代史、政治经济学等社会科学课程。美国进步人士斯诺和艾黎也曾来演讲。该所还吸引了校外爱国青年，为抗日革命队伍培养了骨干。

1937年8月13日，战事爆发。

午后5时，日本侵略军由沪江大学校园的后墙侵入。当时尚有100多名教职员工留在校园内保护学校财产。刘湛恩亲自坐镇，指挥若定，率领全校师生员工和家属冲出日军包围，安全转移到位于公共租界圆明园路209号真光大楼的沪江城中区商学院大楼。沪江大学各院系、沪江附属中学（现金陵中学）、沪东公社陆续迁往，为时一个半月。

10月1日，复课。当时，2 300名学生挤在一层大楼，日夜轮流上课，教育救国之心可鉴。

沪江大学与东吴、圣约翰大学和之江大学组成上海基督教联合大学，继续开课。时有“上海抗大”之称。

刘湛恩除主持联大校政外，还积极从事抗日活动，被全市人民推为上海教育界救亡协会主席和中国基督教难民救济会主席。

他主持支援前线、救护伤病号、安抚流亡学生以及困居于租界的难民救济工作。他还通过上海青年会发起组织上海学生救济委员会，负责安顿平津等地流亡来沪学生的食宿。

王立明也率领中华妇女节制协会人员参加了由何香凝领导的中国妇女抗敌后援会，任该会农村妇女组织委员会主任委员。

海派风骨　血染浦江

1937年11月12日，上海沦为“孤岛”，乌云密布申城。

汉奸当道，暴徒横行，暗杀、绑架、威逼、恐吓、毒打……

救亡协会悒悒不安，不少负责人纷纷转向内地，留沪者寥寥。之前，协会负责人陆伯鸿老人已遭暗杀。文人蔡钧徒甚至连尸首也未能保全。而刘湛恩置一己安危于度外，为抗日工作不分昼夜地奔忙。亲朋好友不免为他的险恶处境而颤栗，敦促他早日离沪，易地再战，免遭不测。他却大义凛然，视死如归：

“我平时教导沪江学生要为国不惜献身，怎能不以身作则，临难苟避！”

并凸现信仰的力量：

“我作为基督徒，为了真理和正义，即使被钉上十字架也在所不辞。”

在致海内外教友的信函中，他说道：

“有谣传说，日本当局开了一份‘黑名单’，列出200多名中国的领袖人物，其中包括各大学的校长……我的太太和我毫不感到不安。我们决心继续‘照常工作’。作为一名基督教徒和一个中国公民，我永远不会‘屈服’……我对任何情况都做好了准备。”

不出所料，被日伪视为“抗日思想的渊薮”的刘湛恩早已成为眼中钉。

王立明感到，“不相识的声音在电话里时常地在响着，不相识的面孔常常在我们住宅四周徘徊。”

二月份的一天下午。

刘氏夫妇外出视察难民所未归，只有三个小孩在厅内做功课。

一个特务蹑手蹑脚爬到刘宅隔壁，向刘宅院子投掷一枚手榴弹。

爆炸声响，孩子们连滚带爬地钻入桌底。

日伪一计不成又生一计。

3月20日。刘府收到一篮精致的水果，绚丽夺目，并附一封英文信函：

“自从中日战争，你的爱国工作，尤其在破坏日本的阴谋，使伪组织不能成立，极使我钦佩，兹为表示我的敬意，特赠水果一篮收下勿却为祷。”

警觉的王立明见信函署名的竟然是刘湛恩已故英国老友，而且离世已一年有余！

必有诈。

于是，立即报告工部局巡捕房。经化验证明，该篮水果个个均注射了毒汁。

对敌人的居心叵测残暴恶毒，刘湛恩也心知肚明：

“我也已感觉到敌人对我的忌恨，第一，因为我大胆地把他们欺骗世界掩护侵略的宣言，常常在国际方面驳斥；其次，这里有许多国际机关，如国际学会、国际友谊社等，我都是其中推动最力者之一，我想他们最恨我的还是每次他们派代表来见我时，无论是谁，我都是一番痛骂。”

1938年3月29日，南京。

汉奸政权，名曰“中华民国维新政府”，在日本军国主义的扶植下粉墨登场。

内定出任伪立法院院长的汉奸温宗尧四处收罗虾兵蟹将，甚至把主意打到刘湛恩身上，并以伪教育部长之类的“高官厚禄”相诱。

某次，这个臭名昭著的大汉奸偶遇刘湛恩，即刻强打着一副僵硬的笑容来遮掩其阴险，以那只沾满同胞鲜血的手拍拍刘湛恩宽厚的肩头，貌似关怀地说：

“最近外面有人注意你，希望你当心些。”

“我倒并不害怕，但是希望你不要被某方利用，最好，你还是不要上南京去吧！”

刘湛恩以一番严词晓以民族大义，并奉劝温宗尧悬崖勒马回头是岸。

他还一再劝阻另几个态度暧昧或欲见风使舵的熟人，保重晚节，万勿事敌。

日伪的魔爪因此步步逼近。

但刘湛恩还是执意坚守上海。

山河破碎，校长必须坐镇学校，救亡一方，决不可临危逃脱：

“教育与军事在长期抗战中，是同样的要紧，一个作了教育界领袖的人怎么看见有点危险便自个儿先走呢？”

对王立明，他破釜沉舟地说道：

“我生平教导学生应为祖国献身，自己就应当以身作则，做出榜样。你如能带领孩子离开这里，我就无后顾之忧了。”

恰好机遇降临。

1938年4月，国际救济协会委派他到国外捐款，并揭露日伪罪行宣传抗日救国。他随即在中国旅行社预定了4月13日去香港的船票。同时，他张罗着夫人与三个子女转移至重庆大后方。

步步为营，百谋千虑，却难免一失。

报纸抢先一步披露了刘湛恩出国计划，顿时，敌营万般恐慌。

几天后，暗杀计划落定。密谋者是日本特务组织所操纵的汉奸帮会——黄道会。

1938年4月7日，星期四。

清晨。上海从睡梦中尚未苏醒。

王立明先把长子和幼女打发上学。

幼子光华因断牙引发牙龈肿痛，由刘湛恩的妹妹明珍陪同去盐业大楼一家牙医诊所就诊。刘湛恩的公车原本可以顺道把他俩送去。可车子迟迟未到，去电询问学校，也不知所以。

“不等啦！乘公共汽车吧！”

刘湛恩的这一决定把小光华乐坏了，甚至忘却了牙疼。

抗日救国热火朝天，孩子们的确很少能够见到父亲刘湛恩，遑论上街。再说，这种双层巴士，小光华还没乘过呢。

8时35分。

刘湛恩偕妹、儿，三人从安乐坊81号出发，步行至静安寺路大华路口（今南京西路南汇路口梅龙镇广场处），等候公共汽车。

此时的静安寺，车水马龙，一片喧闹。

汽车到站。乘客鱼贯上车。刘湛恩排在末尾。

刘湛恩先将光华推进车门，其妹接而登车。他本人正欲举步上车之际，三个遭日军特务机关收买的暴徒突然蹿出，纵身上前，踮起脚跟向刘湛恩头部猛射三弹。

儿子猛然觉得，一声巨响之后，便是父亲眼镜撞击地面而碎裂的清脆声，紧接着，父亲俯跌在地。

其中一颗达姆弹由眉心射入，穿过喉部，从胸际穿出。

在送往医院的途中，这位生命不息战斗不止的爱国教育家的心脏停止了跳动。

刘湛恩为国殉难，震惊申城，各报均以头条新闻报道。

4月8日的《文汇报》写道：

“刘博士的死，惊震了整个‘孤岛’上的人们。的确，他不仅是教育界的损失，而且是中国的一个损失。但是他死的仅是他的一个躯壳，他的精神还是永留人间。不愿做奴隶、具有灵魂的人们，你们见了不必骇怕，你们身后还有四万万五千万的中国人民，你们还得坚定你们的意志，站定你们的脚跟，光明即将来临，灿烂的阳光将普照着大地。”

该报还用几乎整版的篇幅，详尽报道刘湛恩遇狙牺牲的消息，并刊载了刘湛恩的遗像和惨案发生地点的地图。

英文《大美晚报》发表的社论《悼念刘湛恩博士》，盛赞刘湛恩一生

“光明磊落”，是一位“处处为国家利益着想”的中国人，“每个善良的中国人应昂然踏着刘氏的血迹前进，帮助救济这块遭人蹂躏的土地。”

遇难第二天，邹韬奋挥泪写下：

“他有一天特为此事来看我，劝我稳健一些，不料我还未死，他竟为国而牺牲了！有些朋友颇以刘先生平日太‘稳健’为病，但至死不受伪命，这种可敬的精神，伟大的人格，实不愧为中华民族的一个好男儿，值得我们最高的崇敬。”

冯玉祥、陶行知等先后发表了悼念文章。

4月9日午后，贝当路（今衡山路）国际礼拜堂。

上海各界人士与沪江大学师生3 000余人执绋送殡，并以基督教仪式，在墓前竖立一支十字木架。

遗体入殓时，上海各团体同赠挽幛：“为国牺牲”。

4月15日，留守上海的商务印书馆董事会召开例会。张元济率全馆职员沉痛哀悼：

“本公司董事刘湛恩先生于本月七日遇难。在社会失一导师，在本会失一良友，至深痛惜。”

＊申报报道刘湛恩遇难

申報

昨行政院決議
公葬劉湛恩

各團體發起
追悼劉湛恩
廿日在青年會舉行

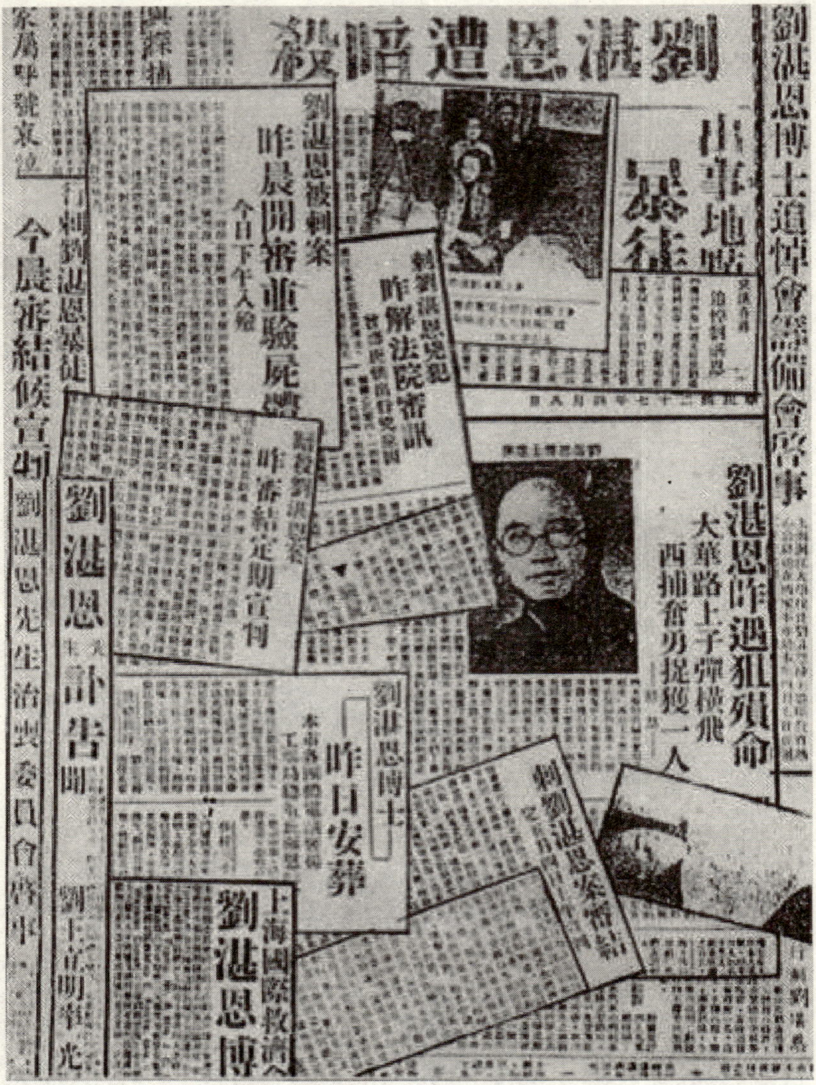

劉湛恩遭暗殺

劉湛恩博士追悼會籌備會啓事

劉湛恩昨遇狙殞命
大華路上子彈橫飛
西捕奮勇捉獲一人

劉湛恩被刺案
昨晨開審重驗屍體
今日下午入殮

刺劉湛恩兇犯
昨解法院審訊

刺殺劉湛恩案
昨審結定期宣判

行刺劉湛恩暴徒
今晨審結候宣判

劉湛恩先生治喪委員會啓事

劉湛恩 訃告

劉湛恩博士
昨日安葬

刺劉湛恩案審結

上海國際救濟會
劉湛恩博士

* 全国各大媒体报道刘湛恩遇难

抗战时期，刘湛恩是第一个被敌人暗杀的文教界名流，也是全国唯一遇难的大学校长和基督教领袖。

壮志未酬身先死，长使英雄泪满襟。

海上英烈　衣钵相传

日落西山，人约黄昏。

无论酷暑还是严冬，沪江师生总能在浦江堤岸捕捉到一对俪影，似热恋中的情人，歆羡不已。

那就是校长刘湛恩夫妇。

1938年4月7日。这对俪影便永远退出了人们的视线，消隐得无影无踪……

安眠吧，亲爱的，
在那虹桥的公墓里，
那儿有基督的十字架指示你的所在；
那儿有玫瑰青松环绕你的遗骸；
百灵雀每晨飞天空为你歌舞；
在天涯的另一角落里，
还流着你妻儿的热泪，
他们虔诚地祷着：
万能的造物者，
愿你接纳你的使者到你的慈怀，
并赐人类以永久的和平与友爱！

* 刘湛恩全家福

在刘湛恩殉难一周年之际，王立明写下了这首潸然泪下的诗歌。

同时，她以中英文泣书《先夫刘湛恩先生之死》，告慰逝者，亦启迪来者。

就像12岁那年撕下裹足布，这位巾帼英雄又一次做出惊人之举，她在自己的名字前面冠以“刘”姓，自此改名为“刘王立明”，以示对先夫的永久缅怀。

于是，刘湛恩的生命得以延续，其爱国救国的精神得以承传，其未竟之事业得以圆成。

经建国后多次院校调整，现今的上海理工大学承接了沪江大学的衣钵。

2006年4月7日上午，龙华革命烈士陵园。

这并非一次年年岁岁的清明祭扫。

上海理工大学即将迎来百年校庆。

那天也是刘湛恩为国殉难68周年。

在祭扫仪式上，现任校长许晓鸣说：

“刘湛恩烈士为祖国无私奉献的精神在沪江大学历史上写下了光辉的一页，也形成了今天上海理工大学最为宝贵的精神财富。”

2009年6月，上海理工大学。

一道灰砖红柱相互交错的“校史长廊”悄悄地竖立在初夏的校园。长廊里挂有学校今昔风貌、优秀历史建筑的照片以及历届校友当年的毕业留影，这是给毕业生提供的“最后一课”。

“大四毕业同学，本己立立人，已达达人之宗旨，以奋斗精神，牺牲决心，坚忍意志，各尽本色，随时随地积极努力，以毋忘青年对于社会、对于国家、对于民族，应尽之义务，其应有之责任……”

印在“校史长廊”上最醒目的是刘湛恩对毕业生的寄语。

刘湛恩曾说，沪江精神是积极的、前进的、建设的、牺牲的。

刘湛恩用他的牺牲换取了沪江大学的积极、前进、建设。

悲戚，但雄壮。

我来我校，时曰沪江
共高歌乐赞扬
赞扬之声，遍于四方
我爱我校，爰升其堂
唯我母校，信义勤爱
赞扬母校荣光
使我学行，罔或不臧
增荣名仰沪江

当年沪江大学的师生，耄耋之年仍能哼唱这首校歌，在往事与未来之间穿梭……

在沪江大学最后四年期间担任中文系教授的徐中玉，最近仍常常提及沪江往事。这位95岁高龄老学者的沪江印象，最深刻的仅两件，首要的便是刘湛恩殉难。

“这是沪江的不幸，也是沪江的光荣。”

一所学校，一位校长，如若在消失半个世纪之后能够得到这么一句评语，足矣。

跋

近来十分流行“创意”二字，如美术创意、建筑创意、文学创意等等，因其名目繁多而目不暇接，又因大多陌生而超然处之。但上海大学海派文化研究中心主任李伦新同志提出编辑《海派文化丛书》的创意使人精神一振，耳目一新，对我们从事文化工作的人来讲，正是思之无绪的良策，事之无措的善举。

此创意特色有三：

一是纵横驰骋，自成体系。该系列丛书将由海派书画、海派戏剧、海派建筑、海派文学、海派电影等方面近三十本书组成，基本囊括了能反映海派文化的各个领域，其中6本书将在2007年8月的上海书展上面世。此后每年出版7至8本，争取在2010年出齐，向世博会献礼。

二是叙述简洁，形式新颖。上海，不管你是否喜欢，它在近两百年内迅速发展成为一个国际大都市，并在中国占有重要地位的事实是无可置疑的。因此，上海是一个世人瞩目的、值得研究的、又众说纷纭的一个课题。论述上海、反映上海的书籍纷繁浩瀚，它们各有见解，各具特色，拥有各自的读者。有的是学术性的，史料详实，论证严密，但曲高和寡；有的是文学性的，情节曲折，故事生动，但内中难免搀杂作者个人的情感，而有失公允；有的是纪实性的，历史掌故和人间悲欢离合尽收其中，但珠玑散落，难于荟萃。丛书力图博采众长，“合三为一”，以纪实为主，兼顾史料的真实和文字的优美，并采用图文并茂的编辑方法，使之成为一套新颖的研究上海，介绍上海的书籍。

三是内容丰富，面向大众。丛书对海派文化的各个领域，诸如：戏剧、书画、建筑、文学、风俗等，既有宏观的研究与阐述，又有具体的描绘与剖析，向读者展示了一幅绚丽多彩的海派文化起源、发展、形成、深化的历史长卷，令人信服地得出这样的结论：海派文化造就了被誉为“东方巴黎”和“东方明珠”的上海，形成了“海纳百川”、“精明求实”、“宽容趋新”等上海人的社会人格。丛书既是研究上海的学术著作，又是介绍上海的通俗读物，具有书柜藏书和案头工具书的双重功能。

上海市对外文化交流协会是进行中外文化交流的专门机构，以弘扬优秀传统文化和汲取世界先进文化为己任。协会成立20年正是上海改革开放取得辉煌成就的20年。协会乘势而为，解放思想，开拓进取，积极拓展外联渠道，构筑中外交流的平台，广泛开展国际间的社会科学、金融经济、科学技术、文化艺术交流，增进同世界各国人民的友谊和理解，成为上海的一个有影响的中外文化交流的窗口。我们在获悉丛书的编辑思想和出版计划时，就感到双方是心心相印的，所以决定对丛书出版给予经济上的支持。我们认为此举是对建设上海文化事业的支持，是对弘扬民族文化的支持，也是对自身工作的支持。

因为工作的缘故，经常有外国朋友赠送一些介绍他们的国家或城市的书籍。这些书籍装帧精美，内容言简意赅，形式图文并茂。由此联想，在丛书中选择若干本或若干章节翻译，汇编成书，那也是一种十分可取的介绍上海和宣传上海的内容和形式，特别对于将在2010年举办世博会的上海来说尤为如此。

本丛书的出版已引起有关单位的重视和关注。文汇出版社已将本丛书列为2007年出版计划中的重点书，并配备了业务能力强的文字和美术编辑；外宣部门认为这套丛书是很好的外宣资料，是世博会的一个很好的配套工程；有的图书馆反映查阅上海资料的读者日渐趋盛，这套丛书的出版适逢其时，将为读者提供更多的方便。

还必须强调的是丛书的编辑和出版也得到了作者的大力支持。去年年底，编委会召开部分作者参加的笔会，其中不乏畅销书的作家，编委会对他们提出了创作要求和交稿时限。尽管要求高、时间紧，但是作者均积极配合，投入创作，为第一批丛书在2007年8月的书展上与读者见面创造了条件。为此，有的延误了申报高级职称的机会，有的推迟了其他的创作计划，有的不厌其烦数易其稿。

天时、地利、人和似乎都护佑着丛书的面世。丛书是时代的产物，是集体智慧的结晶。

2007年7月

（本文作者为上海市对外文化交流协会副会长兼秘书长）

后记

我在留德期间从事成人教育研究和社会化研究，回国定居后，先潜心于教育学基础理论，后转入教育领导研究。期间，我联手全国高等教育学研究会、德国高校教学研究会和德国高等教育研究会发起两年一届的“中德高等教育论坛”，再加上《复旦教育论坛》对我的关爱，我蹒跚地步入高等教育研究领域。有所收获。

目前承担教育部人文社会科学研究青年项目《高校自治与学术自由之间》和上海市教育科学研究项目《博洛尼亚和里斯本框架中欧洲大学的教育领导变革》，由此，我把研究重点聚焦于大学校长的教育领导力。

如果说，我以前着眼于大学校长的国际比较，那么，本书为我的研究界阈拓展了历史视角。

鉴于本书在学术上亦有价值，且作为世博献礼，上海市高等教育学会特别把本书列入该学会2009年度重点课题。

在此，由衷感谢《海派文化丛书》编委会和文汇出版社的信任与厚爱，感谢上海市高等教育学会的关怀与重视，感谢上海师范大学现代校长研修中心全体同仁的支持与配合，以及感谢家人的关照与奉献。

俞可

2010年3月于沪上

图书在版编目（CIP）数据

海上教育家 / 俞可著. — 上海：文汇出版社，2010.5
ISBN 978-7-80741-840-5

Ⅰ. 海… Ⅱ. 俞… Ⅲ. 教育家—生平事迹—上海市—近代 Ⅳ. K825.46

中国版本图书馆CIP数据核字（2010）第048991号

海上教育家

作　　者 / 俞　可
丛书主编 / 李伦新
责任编辑 / 陈今夫
特约编辑 / 项纯丹
装帧设计 / 周夏萍

出 版 人 / 桂国强
出版发行 / 文匯出版社
上海市威海路755号
（邮政编码200041）
经　　销 / 全国新华书店
照　　排 / 南京展望文化发展有限公司
印刷装订 / 上海译文印刷厂
版　　次 / 2010年5月第1版
印　　次 / 2010年5月第1次印刷
开　　本 / 640×960　1/16
字　　数 / 190千
印　　张 / 15.75

ISBN 978-7-80741-840-5
定　　价 / 35.00元